Table des matières

Parole d'un chrétien

Pages **Thèmes**

Apostasie de la Foi en YHWH

Parole d’un Chrétien

1Cor 3:19

Exodus

Introduction

1Cor 1:10-13

Il appartient à chacun de juger de l'infaillibilité des églises dites chrétiennes et de la manière qu'elles étudient et interprètent la Parole de Dieu.

Je crois seulement qu'une parole donnée c'est une promesse qui ne peut-être mise en question par celui ou celle qui l'a prononcé. Une parole infaillible pour celui ou celle à qui elle fut offerte, par conséquent, ô combien les Textes Sacrés de la Sainte Bible, la Parole de Dieu ne peuvent-êtres considérés comme mythiques comme certains prêtres l'affirment.

Qui plus est, il faut être né bêtise pour vouloir à dessin, travestir, interpréter comme bon nous semble, voir même, réformer au profit de l'évolution de l'esprit de l'homme moderne Sa Parole et Sa Volonté.

La Parole Inspirée dans la Bible Est une Pensée Testamentaire, une Alliance à l'adresse de la Postérité Élue. Jr 23:1-4 ; Mt 24:35, 45-47 ; Hé 4:12-13.

Plus nous nous approchons de la fin et plus l'apostasie de la foi chrétienne est grandissante

Lorsque le clerc d'une quelconque paroisse fait appel à des bénévoles pour enseigner le catéchisme aux jeunes, aucune question théologie n'est posée aux candidats et encore moins sur leurs compétences à enseigner.

Plus surprenant encore, les bénévoles n'ont pour la plupart jamais lu la Bible ou l'ont seulement feuilleté, mais certes pas étudié comme Elle se doit.

Depuis toujours de génération en génération l'église catholique a dicté et influencé les catéchistes à un enseignement dogmatique pernicieux et à dessein de la Bible.

Je le sais, parce que c'est ce qu'il m'est arrivé à la paroisse où je suis domicilié. Je n'ai malheureusement pas pu continuer, ils m'ont viré au bout de trois à quatre séances de catéchisme, et cela, parce que j'utilisais seulement la Bible et non pas leurs outils pédagogiques qui infantiles et infertiles l'esprit des tous jeunes gens, aussi, parce que je ne me rendais jamais à la messe le dimanche matin.

....

Par le baptême je suis catholique, non pas de ma propre volonté, mais par tradition de ceux qui y croyaient et pensaient pour moi lorsque j'étais nourrisson.
Sans pour autant l'expliquer, j'ai toujours été circonspect, méfiant à l'égard de l'église universelle jusqu'à ma quarantième année, année où que je me suis enfin décidé à étudier la Parole de Dieu, que je continu d'apprendre.

A travers la Bible et seulement à travers Elle, j'ai appris et compris de par moi même du mieux qu'il m'a été possible d'apprendre de l'enseignement du Très Haut, Le Père Éternel. Par Sa Grâce, j'ai appris et compris le comment et le pourquoi de la Création de l'homme, le monde dans lequel il évolue, sur moi-même, et bien sûr, sur le Créateur et Sa Volonté.

Maintenant, je sais ce qu'il me faut savoir, sur ce qu'il me reste à faire pour être aimé de Lui et mériter Son Salut.

Après quoi pour parfaire ce qui m'a été permis de comprendre, j'avais le besoin de rencontrer des prêtres et pasteurs des différentes églises dites chrétiennes afin de confronter la connaissance que j'avais acquise à la leur, aussi, la raison de suivre leur église plutôt qu'à une autre.

Et bien comme je m'y attendais, chacun d'eux défendait mordicus son enseignement affirmant une interprétation que j'affirme bien différente de Celle de la Bible.

Récemment encore, il y en a même un qui me fit savoir qu'il ne fallait pas prendre à la lettre les Textes Sacrés car étant mythiques pour la plupart d'entre eux.

Pour réconforter ces dires, il prit l'exemple de la descendance de Caïn :
« Si Éve la mère de Caïn était la seule femme sur terre comment Caïn aurait pu avoir une descendance ? »

Par cette question non seulement il me montra qu'il ignorait la réponse, pire encore, il doutait de l'infaillibilité des récits bibliques jusqu'à douter de la Parole de Dieu.

La messe est dite, plus encore, mon scepticisme s'est encore plus renforcé vis à vis de ces dits pères, directeurs spirituels.

Ce qui est sûr après avoir largement débattu sur les réseaux sociaux avec des membres de la communauté musulmane sur nos différentes croyances, s'ils avaient été témoins d'un tel échange, cela aurait été du pain béni à leur propagande.

Ces églises chrétiennes aussi différentes qu'elles sont divisées, sont toutes autant aussi divisées et différentes que sont les cultes païens.

....

Dieu Est-Il si désordonné, si divisé pour accepter une telle anarchie au sein de Son Église, au point d'investir Son Esprit Saint à des prêtres, des pasteurs aux dogmes aussi différents ?

La banalisation de l'enseignement de la Bible au détriment de la Connaissance de la Vérité Exacte de la Parole de Dieu est telle, qu'elle est à son apogée.
Dans les pays christianisés, jadis, la conscience collective reconnaissait une distinction entre le mal et le bien fondée sur l'enseignement des Textes Sacrés de la Bible.
Aujourd'hui, sur de nombreux points que la Bible condamne, il devient interdit de dire, c'est mal. L'éloignement de Dieu et un athéisme affirmé qui efface toute référence morale et la laïcité contribue largement à la rébellion contre Dieu. Jc 1:26 ; 2:14...

Enfin bref, ceci pour dire que la situation spirituelle des croyants contemporains s'est si gravement appauvrie qu'elle s'est estompée au gré du mal.

Ces prêtres, pasteurs, prophètes qui se disent être, n'ont pas lieu d'être pour les raisons suivantes : Mt 23:1-36 ; Jn 8:42-44 ; Hé 1:1-10 ; 5:1-14.

Malgré cette ressemblance frappante rien n'y fait, aux noms des traditions ils continuent de travestir sans le moindre remord la Parole, égarant sans la moindre frustration des milliers et des milliers d'innocents, des innocents, qui je rappel,
pour la plupart d'entre eux préfèrent décevoir Dieu que leur entourage et de certains privilèges qui sont associés à cette hérésie.

Toutes les religions qui peuplent la surface de la terre, les dieux des différents cultes réalisent des miracles selon les témoignages des fidèles de chaque culte païen.

Pareillement, en plus de son statut de divinité, les catholiques sont témoins des apparitions et des guérisons miraculeuses de Marie, mère de Jésus, à Lourdes (France), à Fatima (Portugal), en Guadalupe (Mexique)...
Et lors de chaque rassemblement évangélique des églises protestantes, en fin de culte s'opèrent conjurations des démons et dons de guérisons à la pelle auprès des fidèles à l'esprit faible.

D'autres se sont éloignés de Dieu de ce qu'ils ont appris de la bouche de leurs prêtres concernant la disparition d'un être cher, d'un handicap physique, d'une maladie incurable et de biens d'autres malheurs qu'ils croient venir de Dieu.
Ils ne comprennent pas pourquoi que Dieu, affirment-ils, leur a infligé cela, alors qu'ils allaient tous les dimanches à l'église. 1Cor 10:13 ; Jc 1:2-3,13-15.

Enfin bref, les Vrais Adorateurs du Dieu Vivant fondent leurs enseignements à partir de la Bible. Leurs croyances et leurs pratiques ne sont pas fondées sur des opinions ou des traditions humaines, elles s'appuient seulement et uniquement sur la Parole de Dieu. 2Tm 3:14-17 ; 2P1:19-21.

....

Dans de nombreux pays circule de la fausse monnaie.
Si on me demandait de la détecter, apprendrais-je par coeur quelles sont toutes les sortes de fausses pièces et de faux billets ?

Non évidemment !

Je gagnerais du temps en étudiant la vraie monnaie.

Comme la fausse monnaie, les faux cultes n'ont aucune valeur.
Le Vrai Culte mène à la Vie Eternelle, les fausses à la destruction.
Mt 7:21-23 ; 2P 2:1-3, 20-22.

Les pseudos chrétiens ne croient qu'aux dogmes de leur église respective alors que le Chrétien digne de ce titre n'a qu'un but, faire de son mieux pour imiter le Fils de Dieu et suivre Son Enseignement. Mc 12:14-17 ; 1Cor 3:5-11,16-17 ; 11:1.

Le Chrétien est spectateur du monde dans lequel il évolue, contrairement aux fidèles des églises babyloniennes d'aujourd'hui qui sont acteurs et affairistes aux affaires de ce système de choses. 1Jn 5:19… ; Jn 17:14:21...

Ce qui m'amène à affirmer que toutes les églises sans exception basées sur le globe est un blasphème pour Dieu et que tous les responsables religieux de ces différents cultes n'obéissent qu'à leurs propres intérêts, trahissant insidieusement la Parole de Dieu, mais aussi, la sincérité et l'innocence d'innombrables croyants.

Qu'à cause d'eux, l'apostasie de ces innombrables croyants s'abandonne à l'esprit de ce monde impie et que le mystère de l'impiété est plus que jamais à l'œuvre.
Col 2:18-23.

C'est pourquoi mes proches et moi-même, ne faisons plus partis d'aucune église faite de mains d'homme ici-bas et que nous sommes désormais spectateurs aux affaires de ce système de choses. Jos 24:15.

....

Ce petit livret permet à tout à chacun de se réapproprier la Bible, mais surtout, de se familiariser à nouveau avec la Parole de Dieu au travers une étude approfondie et personnalisée des Écritures Saintes.

Les sujets qui nous concernent tous et de manière individuelle sont posés et référencés par les chapitres et versets des Textes Sacrés inscrits en fin de chaque réflexion.

Chez soi, seul ou accompagné nous avons à loisir d'étudier puis de méditer sur la Parole de Dieu, de comparer l'enseignement qui nous a été donné à Celui que renferme la Bible. Ainsi par notre foi sincère, la Grâce de Dieu fera en sorte de ne plus nous laisser entraîner dans l'égarement (1Cor 1:17-31), notre aveuglement nous sera dévoilé (Pv 2:1-5…)

Aussi, tout comme moi, ayez le réflexe de noter ou de mémoriser les réponses faites par ces soi-disant ministres de Dieu d'où qu'ils viennent et prenez le temps de vérifier chacune d'elles en agissant selon la Vérité de Dieu. Col 2:1-5 ; Mt 13:44-46.

La Parole de Dieu, il nous faut La Lire, L'Étudier, Elle nous Aide à nous analyser comme jamais dans aucun autre livre.

Pv 1:2-7 ; 2P1:19-21

Elle Est La Carte routière du voyageur, Le Bâton du pèlerin, La Boussole du pilote, L'Épée du soldat et La Charte du chrétien.

Ps 119:97-105

Exodus

La Bible

Sous quels rapports Est-Elle Différente des autres livres ?

Cette œuvre écrite sur plus de 16 siècles révèle des choses qu'il serait impossible de découvrir autrement : La création des cieux, des étoiles, de la terre, du 1er couple humain et tout ce qui se trouve sur le globe.

Elle explique comment surmonter les difficultés de la vie, qui en est responsable, aussi comment le Créateur accomplira son dessein et établira les conditions d'existence les meilleurs sur la terre.

Elle reflète une connaissance profonde de la nature humaine, comprend nos pensées et nos sentiments mieux que nous-mêmes, étant d'inspiration divine.

Ses rédacteurs, d'origines variés ont vécu à des époques différentes et venaient de milieux divers : cultivateurs, pêcheurs, bergers, médecins, juges, prophètes, rois.

Le 1er livre (Genèse) révèle par qui, comment et pourquoi les problèmes de l'humanité ont commencé. Le dernier (Apocalypse ou Révélation) annonce les événements de la fin des temps, autrement dit, le Courroux de Dieu que le monde connaîtra bientôt.

Comment aussi la terre deviendra un magnifique Éden, un Paradis éternel pour les récompensés, les couronnés.

....

Inspiration des Écritures Saintes

Pour les septiques, la Bible ne serait pas d'inspiration divine, parce qu'Elle a été écrite et réécrite par l'homme.

Ok !

Existe t-il de par le monde, un seul livre n'ayant pas été écrit par la main de l'homme ?

Dans le domaine médical, prenons l'exemple d'un chirurgien, dictant à voix haute à sa secrétaire un courrier à l'intention d'un confrère, pour un avis.

De qui est inspiré le courrier ?

Les études pour exercer dans la médecine et peu importe le domaine choisi, dépassent de très loin, les connaissances d'une secrétaire médicale même la plus diplômée et la plus expérimentée.

Divinement inspirée pour tenter de guider et d'éveiller la conscience humaine, quelque soit son époque, la Parole de Dieu que renferme la Bible Est et Restera une Promesse Inébranlable et Absolue. Une Alliance Testamentaire pour l'homme qui croit en Lui et fait Sa Volonté.

La Bible, sur le plan géographique, historique, chronologie et scientifique dépasse de très loin toutes œuvres littéraires inspirées de l'homme toutes époques confondues. 2Tm 3:16 -17 ; 1Th 2:13-16 ; 2P1:19-21.

Quelques récits dits contradictoires de la Bible

Gn 1:24-26 / 2:7,19-20. Nb 35:14 / Js 22:4. 2S 10:18 / 1Ch 19:18. Mt 27:5 / Ac 1:18. Mt 9:18 / Mc 5:23. Mt 2:1-12 / Lc 2:8-20. Jn 19:17 / Lc 23:26. Ac 9:7 / 22:9. Ph 2:5-11 / Hé 2:7-9. Ép 2:8-9 / Jc 2:26.

La Bible a été écrite par de nombreux rédacteurs issus de milieux divers, sur une période de plusieurs siècles, comme les livres d'histoire, écrits par les vainqueurs et cités comme étant véridique.

Aussi lorsque plusieurs personnes décrivent un même événement dont elles ont été témoins, chacune d'elle met en évidence les détails qui l'ont marquée.

Kenneth Kantzer a un jour montré comment deux versions d'un même événement peuvent sembler contradictoires tout en étant l'une et l'autre exactes.

....

Il écrivit : « Il y a quelque temps la mère d'un de nos amis les plus chers a été tuée.
Nous avons tout d'abord appris son décès par un ami commun digne de confiance.
Il nous a raconté que la mère de notre ami attendait l'autobus au coin de la rue et qu'elle avait été renversée par un autre autobus qui passait par là.
Mortellement blessée, elle était décédée quelques minutes plus tard. »

Il poursuivit : « Par le petit-fils de la victime, nous avons appris qu'elle avait eu un accident de la route, qu'elle avait été éjectée de la voiture dans laquelle elle se trouvait, et qu'elle était morte sur le coup. Le garçon en était absolument sûr.

Nous avons par la suite cherché à harmoniser ces deux versions.
Nous avons appris que la grand-mère attendait l'autobus, qu'elle avait été grièvement blessée par un autre autobus qui l'avait renversée. Un automobiliste qui passait l'avait prise à bord de son véhicule pour la conduire d'urgence à l'hôpital.
Dans la précipitation, la voiture qui la transportait à l'hôpital en avait heurté une autre.
Sous le choc, la victime avait été éjectée. Elle était morte sur le coup. »

Il arrive donc que deux versions d'un même événement soient l'une et l'autre exactes, bien qu'elles semblent diverger.

Que des témoins relatent le même événement sous des angles différents ou qu'ils agencent leurs récits diversement ne se contredisent pas pour autant, mais se complètent.

Ces variantes mentionnées dans la Bible, quelles qu'elles soient, prouvent que les scribes vertus de la véracité ont écrit sans se concerter.

La Bible est un livre condensé qui nous offre de précieux renseignements pour que nous soyons à même de reconnaître qu'elle est bien plus qu'une quelconque oeuvre humaine. Jn 21:25.

Exodus

Le Nom de l'Éternel

Dans l'évangile de Mathieu Jésus dit : Mt 6:9.

Il est donc très clair que pour sanctifier le Nom du Divin, il nous faut non seulement Le connaître, mais aussi Le prononcer !

Sa Signification

Ex 3:14-15 ; 9:15-16 ; Jr 16:20-21.

Dans la langue hébraïque originale, dans laquelle la plus grande partie de la Bible a été écrite, il apparaît de la manière suivante : "Yahwé'' (YHWH) qui signifie : Je Serai.

Lorsque nous disons, Alléluia (Allez Louer Yah) pour dire amen, nous prononçons son Nom.

Tétragramme Hébreux

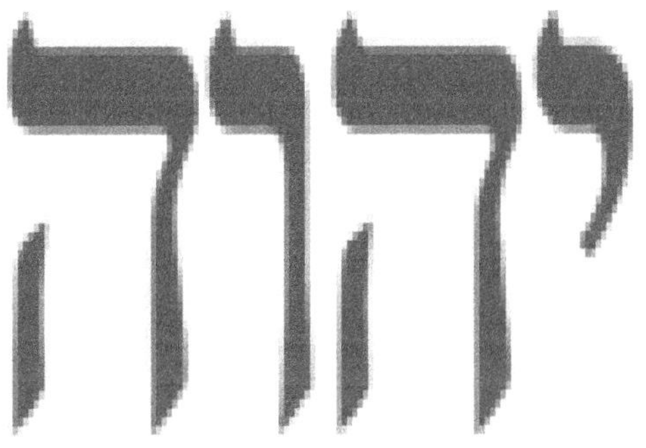

Dt 6:4-9 ; Is 43:10-13.

Exodus

La Thora ? La Bible ? Le Coran ?

Que recherchons-nous, la Vérité Divine
ou une interprétation humaine ?

Depuis la Genèse, deux mondes s'opposent,
le Temporel et le Spirituel.

Que Choisir ?

La Lumière ou les Ténèbres, le Bien ou le Mal, la Vie ou la Mort,
Dieu ou Satan ?

Si l'on nous demande de choisir entre deux tableaux, et que l'on nous précise, celui de droite est l'original, vers quel côté serions-nous tenter d'aller ?

La question paraît sotte et la réponse évidente.

Et Pourtant !

Le Prophète Muhammad demeure pour les musulmans l'idéal même de la vie spirituelle.

Les Juifs considèrent Jésus Christ, comme un opportuniste, un charlatan du 1er siècle de notre ère.

Quand aux églises dites chrétiennes, elles préfèrent suivre les traditions orales qu'écrites et elles ont foi en leurs dogmes plus qu'en Dieu et en Sa Parole.

En plus de ces 3 plus importantes religions, existent 10 grandes confessions religieuses qui se partagent la conscience spirituelle.

Pour compliquer un peu plus et se perdre, il existe environ 10.000 sectes sur l'ensemble du globe, qui prétendent détenir la vérité et être les élus de Dieu.

Diviser pour mieux régner, voilà la mission du Malin ! 2Cor 4:1-4 ; 1Jn 5:1-13, 19-21.

Exodus

L'Église Universelle
(Romaine ou Catholique)

L'origine du mot "Église" signifie en grec ekklêsia, **"assemblée"**
Non pas un édifice, un monument.

L'histoire du christianisme* n'a pas réellement servi la cause de la chrétienté**, bien au contraire, elle est à l'image des Sadducéens, des Pharisiens puis de bien d'autres apostats qui fondèrent l'église catholique au 2e siècle.

Les principes qui guidaient les premiers chrétiens n'avaient rien de commun avec les pratiques et l'enseignement du clergé. Ils ne manipulaient pas les foules en jouant sur leurs sentiments ou en les menaçant du feu de l'enfer.
Ils ne se contentaient pas de prêcher le royaume de Dieu, ils donnaient eux-mêmes des exemples en matière d'amour et d'humilité, comme leur a enseigné le Seigneur Christ Jésus. Mt 22:34-40 ; Lc 6:27-38 ; Rm 12:17-21 ; 13:8-10...

*Ensemble des religions fondées sur la personne et l'enseignement de Christ Jésus.

**Ensemble des pays ou des peuples unis dans la foi chrétienne.

....

Son Apostasie

Les chrétiens apostats du 2e siècle adoptèrent l'apparat de la religion romaine païenne. Ils s'écartèrent de la pureté de leurs origines bibliques pour se revêtir du vêtement et des titres qu'arboraient les païens romains et pour s'imprégner de la philosophie grecque.

Au 2e siècle, un flot de gentils ayant reçu une formation philosophique se convertit au christianisme. Ces admirateurs de la sagesse des grecs pensaient qu'il existait des points communs entre la philosophie grecque et les enseignements des écritures.

Quelquefois, chacun à sa manière, a dénoncé l'idée que la philosophie est un don spécial de Dieu aux Grecs au moyen de la raison humaine, au même titre qu'il gratifia les juifs de la révélation directe.

Les pères de l'église entreprirent de montrer systématiquement que derrière le langage simple dans lequel l'écriture se plaît à s'exprimer se cachent les enseignements des philosophes exposés dans les termes techniques obscurs qu'ils inventaient dans leurs académies.

Une telle attitude laissait la porte ouverte à l'infiltration de la philosophie et de la terminologie grecque dans les enseignements de la chrétienté, particulièrement la doctrine de la Trinité et la croyance à une âme immortelle.

Les pères de l'église se mirent à rechercher dans la terminologie philosophique deux termes techniques adaptés, l'un pour désigner la réalité selon laquelle chaque membre de la trinité est une personne distincte, l'autre pour signifie leur unité commune sous-jacente*.

Ils durent admettre que la conception d'un Dieu trine est un mystère que la raison humaine est incapable de résoudre.

Presque toute les religions tournent autour de la croyance selon laquelle l'âme humaine est immortelle et se rend dans un autre monde ou transmigre dans une autre créature à la mort.

Aujourd'hui, la plupart des religions de la chrétienté partagent cette croyance.

La subtile influence de la philosophie grecque constitua un facteur déterminant de l'expansion de l'apostasie qui suivit la mort des apôtres.

....

Dans le droit fil de l'enseignement grec de l'immortalité de l'âme sont : venus, le ciel, l'enfer, le purgatoire**, le paradis, les limbes***.

Aujourd'hui, dans différentes églises de la chrétienté, les évêques sont des nantis de prestige et de pouvoir, ils sont généralement bien rémunérés et font souvent partie de l'élite dirigeante de leur nation.

* Sous-jacent signifie : qui ne manifeste pas ouvertement entre autre : caché.

** Le Purgatoire signifie : état ou lieu symbolique de purification temporaire, pour les défunts morts en état de grâce mais qui n'ont pas encore atteint la perfection qu'exige la vision béatitude.

*** Les Limbes : séjour où les justes de l'ancien testament attendaient la venue rédemptrice du Christ : séjour de félicité des enfants morts sans le baptême.

....

La Papauté

Le titre de Pape (du grec papas, père) ne fut pas employé pendant les deux premiers siècles de notre ère. Il semble qu'il fallut attendre le 3e siècle pour qu'un évêque de Rome soit appelé pape. Ce titre fut conféré au pape Calliste.

A la fin du 5e siècle, le titre pape désignait d'ordinaire l'évêque de Rome et personne d'autre. Toute fois, c'est seulement au 11e siècle qu'un pape put exiger que ce titre ne s'applique qu'à lui seul.

L'un des premiers évêques de Rome à imposer son autorité fut Léon 1er (Pape de 440 à 461 de notre ère.) Léon s'appropria le titre autrefois païen de pontifex maximus, que s'attribuent encore les papes d'aujourd'hui et que portèrent les empereurs romains jusqu'à la fin du 4e siècle.

Léon 1er se justifiait en s'appuyant sur l'interprétation catholique des paroles de Jésus contenues en Mt 16:15-19. Il déclara que puisque Pierre était le premier parmi les apôtres, l'église de Pierre devait se voir accorder la primauté parmi les églises.

Par cette manœuvre, Léon 1er établissait clairement que si l'empereur détenait le pouvoir temporel à Constantinople, en Orient, pour sa part, il exerçait le pouvoir spirituel depuis Rome, en Occident.

La réalité de ce pouvoir fut ensuite démontrée quand le Pape Léon III couronna Charlemagne empereur du Saint Empire romain en l'an 800.

Depuis 1929, les gouvernements considèrent le Pape de Rome comme un dirigeant d'un État souverain distinct, la cité du Vatican.

On décerne au Pape de nombreux titres, tels : Vicaire de Jésus Christ, Successeur du Prince des Apôtres, Pontife Suprême de l'Eglise Universelle, Patriarche d'Occident, Primat d'Italie, Souverain de l'État de la Cité du Vatican.

Nous lisons dans la Bible une mise en garde pour quiconque qui s'élèverait et utiliserait le titre de Père sur le plan spirituel, car cela signifierait une imposture pour le Père céleste. Mt 23:8-12.

....

Une autre cause de division fut la vénération des images. Au 8e siècle, les évêques d'Orient s'insurgèrent contre cette forme d'idolâtrie, ils entrèrent alors dans ce qu'on dénomme leur iconoclasme, (destruction des images).
Avec le temps, ils retournèrent à l'usage des icônes. Ex 20:3-4 ; Dt 5:8-10.

Il faut se rappeler que le christianisme fut imposé à l'attention des empereurs à cause de l'agitation suscitée au sein du peuple par les prêtres païens qui s'alarmaient des progrès remarquables de cette foi.

Trajan, Empereur 98-117 de notre ère, fut donc amené à proclamer des décrets visant l'élimination progressive du nouvel enseignement qui poussait les hommes à haïr les faux dieux.

L'histoire de l'église est basée sur la corruption et l'avidité de ceux qui avaient intérêt de faire sa puissance, sa fortune et sa notoriété.

....

La Trinité

Doctrine fondamentale de l'église catholique.

D'après le symbole d'Athanase, patriarche d'Alexandrie et père de l'église grecque, il y aurait trois personnes divines : le Père, le Fils et le Saint Esprit.
Chacune d'elles serait éternelle, toute puissance, aucune ne serait supérieure ni inférieure aux autres, chacune serait Dieu, mais elles formeraient toutes ensemble qu'un seul et même Dieu.

D'autres parties du dogme soulignent que ces trois personnes ne sont pas des individualités distinctes, mais trois modes d'existence de l'Essence Divine.

Cette doctrine a pris forme progressivement, sur plusieurs siècles et à travers bien de controverses.

Vers la fin du IVème siècle, la Trinité avait reçu en grande partie la forme qu'elle a toujours gardée depuis.

Cette conception de la Trinité divine des philosophes grecs se trouve partout dans les anciennes religions païennes.

....

Pourquoi pas !

Mais chose étrangère à la Bible qu'est la Trinité comme biens d'autres enseignements, les dogmes mariaux en sont de parfaits exemples, et principales raisons de divergences qui explique pourquoi les chrétiens catholiques se sont autant divisés et ont donné naissance à de nouvelles églises dites chrétiennes.

Ce n'est donc pas sans raison que je considère l'église romaine comme étant
La Mère des fausses religions. Ap 17:1-18 ; 18:1-24.

Enfin bref !

La Parole de Dieu Est avant tout : La Pensée Créatrice de L'Esprit Saint,
Celle du Très Saint Père Yahwé, L'Invisible. Col 1:15-17.

Étant d'Essence Divine de la Parole Créatrice du Dieu Invisible,
Messie Jésus Est par déduction, Le Saint Esprit,
Le Dieu Visible du monde du néant devenu visible. Gn 1:3.

Cela étant, l'Esprit Saint n'Est donc pas une Tierce Entité, mais l'Essence Divine,
l'ADN Héréditaire du Très Saint Père au Fils. Gn 1:26 ; 11:7 ; Jn 1:1-5.

Dieu Le Père Yahwé Est Unique, Messie Jésus Le Fils Est Unique
comme le Père et le Fils Sont Différents mais combien semblable et complémentaire
et sertes non pas une Trinité qui ferait apparaître trois Entités en une seule !
Is 9:5-6 ; Ph 2:9-11 ; Hé 1:1-10 ; 1Jn 5:20 ; Ap 4:1-11 ; 5:1-14.

....

L'Âme

Définition : dans les Écritures, le mot Âme rend l'hébreu *nèphèsh* et le grec *psukhè.*

D'après l'usage qu'en fait la Bible, ce terme désigne soit une personne, soit la vie qui anime, l'une ou l'autre.

Pour bien des gens, cependant, l'âme est la partie immatérielle ou spirituelle de l'être humain, qui survit à la mort du corps physique.

La croyance selon laquelle l'âme continue d'exister après la dissolution du corps est matière à spéculations philosophiques ou théologiques plutôt que simple article de foi, d'ailleurs, nulle part les Saintes Écritures n'enseignent expressément cette croyance. Ps 146:3-4 ; Qo 9:1-10 ; Mt 10:28.

La Mort

Définition : cessation de toutes les fonctions vitales.

Après l'arrêt des activités respiratoire, cardiaque et cérébrale, la force vitale quitte peu à peu les cellules de l'organisme.

Les Écritures indiquent également que la mort des humains et des animaux est la conséquence de la perte de l'esprit (*force agissante*) de vie (héb : *rouah hayyim.*) (Écclésiaste) Qo 3:19-22 ; 9:5-6,10.

Le premier homme et la première femme ont été créés parfaits, ils avaient la perspective de vivre à jamais. Dieu les avait dotés du libre arbitre. Gn 3:16-19 ; Rm 5:12-21.

La mort est parfois décrite comme un sommeil ou d'un repos. Ap 14:13.

A la lecture de Ap 6:9-11, nous pourrions penser que « *les âmes sous l'autel de ceux qui furent égorgés pour la Parole de Dieu et le témoignage qu'ils avaient rendu* » sont conscients, toutefois n'oublions pas que les visions prophétiques, ne sont que des métaphores obscurées et non telles qu'elles devraient apparaître ou sont la réalité de notre monde (Ap 12:1-3…).

....

Le Purgatoire

Définition : «Condition et lieu propre à l'autre monde dans lesquels, d'après la doctrine de l'église catholique, les âmes de ceux qui meurent en état de grâce, sans être lavés de toute imperfection, expient leurs péchés véniels non pardonnés, ou purgent une peine temporelle sanctionnant des péchés véniels ou mortels déjà absous et sont ainsi purifiées avant d'accéder au ciel.»

«En dernière analyse, la doctrine catholique du purgatoire est fondée sur la tradition, et non sur l'Écriture Sainte. L'église s'est appuyée sur la tradition pour soutenir l'idée d'un palier intermédiaire entre le ciel et l'enfer».

Les représentants de l'église catholique décrivent le purgatoire ainsi :
« Beaucoup pensent que toutes les souffrances du purgatoire sont liées au fait que l'individu est conscient d'être momentanément privé de la vision béatifique, mais l'opinion la plus répandue veut qu'un châtiment effectif s'y ajoute.

Dans l'église latine, il est généralement admis que cette punition est infligée dans un feu littéral. Mais cette conception n'est pas indispensable à la croyance au purgatoire.

Même si l'on choisit, à l'image des théologiens orientaux, de rejeter la notion de souffrances provoquées par le feu, il faut veiller à ne pas considérer le purgatoire comme exempt de toute souffrances véritables.

Il comporte toujours sa part d'affliction, de chagrin, de tristesse, de remords de consciences et d'autres peines spirituelles bien réelles capables d'infliger une vraie punition à l'âme.

Il faut se souvenir, en tout cas, qu'en dépit de leurs tourments ces âmes puisent une grande joie dans la certitude d'obtenir le salut».

Plutôt que de se référer aux Textes Sacrés, l'église catholique préfère invoquer une doctrine fondée sur une tradition folklorique. Lc 16:19-31. Mt 10:28 ; Ap 20:10-15 ; 21:8.

....

Première et Deuxième Résurrection

Dn 12:2 fait savoir : « *Beaucoup de ceux qui dorment au pays de la poussière s'éveilleront, les uns pour la vie éternelle, les autres pour l'opprobre, pour l'horreur éternelle.* »

Tous ressuscitent mais pas pour la même destinée.

Ap 20:4-6,14 Jean aperçoit : «*…ceux qui furent décapités pour le témoignage de Jésus et la Parole de Dieu et ceux qui refusèrent d'adorer la Bête et son image…* »

Première Résurrection les Saints et les Justes sur lesquels la seconde mort n'a aucun pouvoir (Lc 14:12-14 ; 1Th 4:13-18).

Ap 20:12-15 : La Deuxième Résurrection, c'est selon les œuvres de chacun contenues dans les livres, les morts non-inscrits dans le Livre de Vie seront quant à eux jetés dans l'étang de feu (Jn 5:26-29).

Contrairement à Mt 27:50-53 préfiguration de ce qui adviendra en Ap 20:4-6, le malfaiteur en Lc 23:39-43 ne ressuscitera pas avant le jour du jugement en la fin des temps.

Jésus avait annoncé qu'Il ne serait pas relevé avant le troisième jour qui suivrait son exécution. Lc 9:22.

Dans l'intervalle, il n'est pas allé au ciel, car, s'adressant à Marie de Magdala après sa résurrection, il a déclaré : Jn 20:11-18.

C'est seulement 40 jours après sa résurrection que ses disciples l'on vu s'élever de la terre et disparaître alors qu'il commençait son ascension vers le ciel. Ac 1:3, 6-11.

Quant au malfaiteur, il n'a jamais rempli les conditions requises pour aller au ciel.

Il n'était pas **"**né de nouveau-né**"**, il n'avait pas été baptisé dans l'eau ni engendré de l'esprit de Dieu, cet esprit n'a d'ailleurs été répandu sur les disciples de Jésus au 50e jour après l'exécution du malfaiteur. Jn 3:1-8 ; Ac 2:1-13.

Jésus avait fait une alliance pour un royaume céleste avec ceux qui étaient restés constamment dans la constance avec Lui dans les épreuves. Lc 12:32-40 ; Jn 14:2-11 ; Ap 14:1.

Le malfaiteur ne lui avait pas démontré une telle fidélité pendant sa vie.
Il ne faisait donc pas partie de ce groupe de justes. Lc 22:28-30.

....

La Géhenne

La vallée de Hinnom était la décharge de Jérusalem. On y jetait des choses impures et des cadavres. Il y avait également là un feu continuel pour brûler les choses impures, les ossements des cadavres.

On l'appelait également : ''la vallée du ou des fils de Hinnom'' ; ''porte de la vallée'' ; ''la basse plaine des cadavres et des cendres grasses'' mais encore ''le champ du sang'' ou ''champ du potier''. 2Ch 28:1-3 ; 33:1-10 ; Jr 15:4 ; 19:1-15 ; 32:30-35. Mt 27:3-10 ; Ac 1:18-19.

Voilà pourquoi le jugement des méchants est appelé symboliquement Gehinnom (géhenne). Is 66:24.

Cette image symbolique ne représente pas la torture, mais une destruction complète et définitive.

Il est manifeste que Jésus utilisait le mot géhenne pour représenter une destruction complète résultant d'un jugement défavorable de Dieu, sans possibilité de résurrection pour vivre en tant qu'âme.

Autrement dit, les effets destructeurs du jugement défavorable de Dieu ne s'atténueraient pas jusqu'à la destruction totale. Mt 10:28 ; 23:13-33.

....

Le Baptême

Pour un adulte, il n'est pas évident de discerner le vrai du faux, du bien du mal, combien alors pour un nouveau né.

Au travers de l'ignorance et de la crédulité des parents, le clergé a fait et fait toujours croire avec malignité que leurs progénitures seront lavées du péché et protégées du malin par le baptême.

Depuis des siècles, c'est ainsi que l'église universelle a bafouée Le Libre Arbitre du jeune futur adulte dans le seul but d'élargir son cheptel dans le baptême des nouveaux nés.

Le baptême est une décision personnelle pour la personne consciente de la signification. Elle seule fait le choix de se faire baptiser ou non.

Au fait, pour son baptême dans l'eau en l'an 29, quel âge avait Jésus-Christ ?

Existe t-il un témoignage dans la Bible d'un baptême d'un nouveau né ou d'un jeune enfant ? Mc 1:9 ; Ac 2:36-41 ; 8:9-13, 26-39.

Définition personnelle :

- L'Éternité : Perspective d'une Vie Prolongée à l'Infinie.
- L'Immortalité : Perspective d'une Vie Éternelle à l'Infinie.

....

La Croix

Jadis je portais une croix autour de mon cou comme font la plupart des personnes croyantes sincères, j'étais persuadé qu'elle me protégeait du mal.

Jusqu'au jour où j'ai fait la rencontre d'une personne qui me fit prendre conscience de la signification de la croix et me dit : imaginez qu'une personne tue vos enfants avec une quelconque arme, un couteau...

Porteriez vous au tour de votre cou en guise de symbole, l'instrument qui aurait servi à ôter la vie de vos enfants ?

Depuis cette pertinente réflexion je fus ébranlé au point que je l'ai retiré de mon cou et dès cet instant, j'ai commencé à étudier la Bible de manière assidue.

La plupart des églises de la chrétienté enseignent que l'instrument de supplice sur lequel Jésus Christ a été mis à mort était une croix. Ce mot est tiré du latin *crux*.

Le mot grec rendu par « croix » dans de nombreuses traductions modernes de la Bible, est stauros.

En grec classique, ce terme désigne simplement un poteau dressé ou pieu.

Plus tard, il en est venu à s'appliquer aussi à un poteau d'exécution muni d'une barre transversale.

C'est ce que reconnaît un dictionnaire biblique en ces termes :

« *Le mot grec (stauros) que l'on traduit par croix signifie à proprement parler poteau, c'est un pieu dressé ou palis, auquel on pouvait pendre quelque chose ou qui pouvait servir à clôturer un terrain.*

Même chez les romains la crux (dont dérive notre mot croix) devait être à l'origine un poteau droit. »

Il est ainsi défini : Bois coupé et prêt à être utilisé, bois de chauffage, bois de construction, étc. Pièce de bois, bûche, poutre, pieu, gourdin, bâton, poteau sur lequel les criminels étaient empalés, bois sur pied, arbre. Ac 5:30 ; 10:39 ; Ga 3:12-14 ; Dt 21:22-23.

....

Dans le grec original, pas un seul des nombreux livres du Nouveau Testament ne contient la moindre phrase prouvant même indirectement que le stauros utilisé pour Jésus était autre chose qu'un stauros ordinaire.

Rien ne prouve, à plus forte raison, qu'il se composait non pas d'une, mais de deux pièces de bois clouées ensemble en forme de croix.

Ce n'est pas chose insignifiante que nos instructeurs nous trompent lorsque, traduisant les textes grecs de l'église dans notre langue maternelle, ils rendent le mot stauros par croix et qu'ils récidivent en faisant correspondre croix à stauros dans nos lexiques, sans prendre le soins d'expliquer que ce n'était en aucun cas la signification de ce mot aux temps apostoliques, que ce terme n'a revêtu ce sens principal, si tant est qu'il l'ait eu, que longtemps après et encore parce que, sans preuves valables, on a supposé pour une raison quelconque que le stauros sur lequel Jésus avait été exécuté avait cette forme particulière.

Dans la Bible de Jérusalem : il est question de " gibet ".
La Bible Crampon fait mention dans Ac 5:30-31 ; 10:39-40 : le pendant bois.

L'Origine Historique de la Croix

Des objets variés, marqués de croix de différentes formes, datant d'époque bien antérieures à l'ère chrétienne, ont été retrouvés dans presque toutes les parties du vieux monde.

L'Inde, la Syrie, la Perse et l'Égypte ont toutes fournie d'innombrables exemples de tels objets.

L'utilisation de la croix en tant que symbole religieux, dans les temps antérieurs au christianisme et parmi les peuples non chrétiens, peut probablement être considérée comme presque universelle, et, dans de très nombreux cas, elle était rattachée à une certaine forme de culte de la nature.

La forme de la croix, deux poutres à angle droit, à son origine dans l'antique Chaldée, elle était employée comme symbole du dieu Tammouz (étant en forme de Tau mystique, initiale de son nom) dans ce pays et dans les pays limitrophes, y compris l'Égypte.

Vers le milieu du III e Siècle après J.C., ou bien les églises s'étaient écartées de certaines doctrines de la foi chrétienne ou bien elles les avaient travesties.

Pour accroître le prestige du système ecclésiastique apostat, les églises admettaient en leur sein les païens.

....

Le Tau ou T, dans sa forme la plus employée, avec la barre transversale abaissée, qui fut adopté pour représenter la croix du Christ.

Fait étrange mais incontestable, dans les siècles qui ont précédé la naissance du Christ et, depuis lors, dans les pays qui n'ont pas été touchés par l'enseignement de l'église, la croix a été utilisée comme symbole sacré.

Les adorateurs de Bacchus en Grèce, de Tammuz à Tyr, de Bel en Chaldée, et d'Odin en Norvège, représentaient chacune de ces divinités par un symbole en forme de croix. Les prêtres égyptiens et les rois pontifes tenaient la croix en forme de Crux Ansata, qui représentait leur qualité de prêtres du dieu Soleil et portaient le nom de signe de vie.

Contrairement à La Croix, le Poteau de supplice ou gibet a toujours été considéré, comme étant, un instrument de souffrance et de mort. Ga 3:10-14.

Au cour du règne de Darius, Assuérus (Xerxès 1er), deux portiers du palais furent pendus, attachés, à un poteau, ce qui était le châtiment que les Perses infligeaient ordinairement aux traitres. De même, Hamân et ses deux fils furent pendus à un poteau. Est 2:21-23 ; 5:14 ; 6:4 ; 7:9-10 ; 9:10-14, 25.

D'après la loi juive, ceux qui étaient coupables de crimes comme le blasphème ou l'idolâtrie étaient d'abord lapidés, après quoi leurs cadavres étaient exposés sur des poteaux ou arbres en guise d'avertissement. Dt 21:22-23 ; Jos 8:29 ; 10:26.

Alors pourquoi la Croix plutôt que le Poteau ?

Mais simplement parce qu'elle à toujours été dans de nombreux peuples païens un symbole religieux avant l'ère chrétienne, dans d'autres, elle était rattachée au culte de la nature et donc à la vie. Pour les pionniers de l'église catholique, il n'était pas concevable que le Messie, le Fils du Dieu Créateur, Dieu de l'Univers soit perçu comme un vulgaire criminel de la pire espèce.

Le Gibet, Poteau de potence devient Croix et comme le mot Crux en latin qui phoniquement se confond au mot Croix, la traduction sera Croix.
Le markéting est né et la messe est dite.

....

Marie Mère de Jésus

Marie était de la tribu de Juda et une descendante de David. Voilà pourquoi on pouvait dire de Jésus, son fils, qu'il était " issu de la semence de David selon la chair ". Rm 1:1-3.

Par son père adoptif Joseph, un descendant de David, Jésus avait un droit légal au trône de David et, étant par sa mère la " descendance ", la " semence " et la " racine " de David, il possédait le droit naturel héréditaire au " trône de David son père. " Lc 1:26-33 ; Ac 13:21-23 ; 2Tm 2:8-10 ; Ap 5:1-5 ; 22:16.

Si la tradition est exacte, la femme de Héli, la mère de Marie, était Anne, sa sœur avait une fille nommée Élisabeth, la mère de Jean le baptiseur.

Selon cette tradition, Élisabeth était donc la cousine de Marie.

Les Écritures elles-mêmes attestent que Marie était apparentée à Élisabeth, qui était " *d'entre les filles d'Aaron* " de la tribu de Lévi. Lc 1:5-7, 36.

Certains pensent que la sœur de Marie était Salomé, la femme de Zébédée dont les deux fils, Jacques et Jean qui furent comptés parmi les apôtres de Jésus. Mt 27:55-56 ; Mc 15:40 ; 16:1.

Rien ne confirme que, Salomé la femme de Zébédée aurait été la sœur de Marie, mère de Jésus, en revanche, la femme de Clopas (frère ou demi frère de Joseph époux de Marie) l'atteste (Jn 19:25).

....

La Vierge Marie Était-Elle Restée Chaste ?

La croyance de l'église romaine

« L'Évangile de Luc, Marie a conçu Jésus ''sans connaître d'homme'' (Lc 1:34).
Matthieu ajoute de son côté : ''Avant qu'ils aient habité ensemble,
Marie se trouva enceinte de l'Esprit Saint.'' (Mt 1:18).

La naissance de Jésus relève ainsi de l'un des plus grands mystères de la foi chrétienne : ce que l'on appelle la ''Conception virginale''
(à distinguer de l'Immaculée Conception, dogme exclusivement catholique qui signifie que Marie est née sans avoir commis le péché originel).
Ce débat n'est pas marginal pour une compréhension des origines et des divisions ultérieures du christianisme.

Les évangélistes sont explicites : Luc 2:7 dit de Marie : ''qu'elle enfanta son fils premier né'', ce qui laisse supposer qu'elle eut d'autres enfants.

Quand Jésus quitte son métier d'ouvrier du bois à Nazareth,
son auditoire aussi s'inquiète en ces termes : Plus tard, à la synagogue, il est interpellé :
''n'est-ce pas le fils de Marie et le frère de Jacques, de Joset, de Jude, de Simon ?
Et ses sœurs ne sont-elles pas ici chez nous ?'' (Mc 6:3).

La Vierge Marie aurait-elle donc été mère d'une famille nombreuse ?

Avec constance, au nom du dogme de la virginité perpétuelle de Marie, mère de Jésus, qu'elle défend, l'église catholique a refusé de reconnaître que Jésus avait eu des frères et des sœurs. Elle prend argument d'un autre passage, dans l'évangile de Jean,
qui mentionne la présence au pied de la croix du Christ d'une ''sœur'' de Marie,
connue comme étant la femme de Clopas et la mère de Jacques et de Joseph.
(Jn 19:25).

Ces deux derniers ne seraient donc au mieux que les «cousins» de Jésus,
appelés ''frères du Seigneur'' à la manière orientale. »

....

Pourquoi pas !

Seulement la Bible affirme le contraire : Mc 6:3 (Mt 12:46-50 ; Mc 3:31-32 ; Lc 8:19-21 ; Jn 7:3-5).

L'argumentation du clergé : «Messie Jésus n'a eu, que des cousins appelés frères à la manière orientale,» en s'appuyant sur les passages bibliques : Lc 1:34 ; Mt 1:18 ; Lc 2:7 est prétexte et à dessein à conforter le dogme marial au détriment de la Vérité.

En Jn 19:25, là encore en regardant de plus près les écritures : Mt 27:56 ; 28:1 ; Mc 15:40 ; 16:1 ; Lc 24:10, il est fort probable, que l'une des Marie qui se tenaient aux pieds de Christ alors qu'il était crucifié, Clopas était le même personnage que le nommé Alphée (l'oncle de Jésus Mt 10:3 ; Mc 3:18 ; Lc 6:15 ; Ac 1:13).

Ces deux noms sont peut-être des variantes de la prononciation de la racine araméenne, ou bien le même personnage avait-il deux noms qui étaient employés indifféremment, pratique qui n'avait rien d'exceptionnel à l'époque ?

Des suppositions, tout est possible mais rien ne peut-être démontré comme, la Vérité Absolue.

Que savons-nous de Marie ? Seulement ce que renferme la Bible.

Que sont-ils devenus : Marie, Joseph, les demis frères et sœurs (cousins ?) du Messie après sa crucifixion ? Nous n'en savons absolument rien.

Se borner à croire et à faire croire comme la vérité absolue que Marie et Joseph sont restés chastes jusqu'à à leur élévation dans les cieux, alors que rien ne l'affirme dans les Textes Sacrés c'est rendre un nouveau témoignage pour un nouvel évangile.

Cette croyance que l'église de Rome prend à son compte, comme dogme, c'est celle des religions orientales antérieures à la naissance du christianisme et dans celle de la Gaule, le concept mythologique de la naissance virginale était très présent. La «Vierge-Mère» représentait la fécondité comme une œuvre divine.

A l'époque hellénistique, la naissance virginale d'empereurs et de rois leur attribuait un rôle exceptionnel. Dans le monde juif, la stérilité pour une femme est considérée comme une malédiction et le thème de la naissance miraculeuse est largement répandu. Dans la Bible, nombre de naissances, chez des femmes stériles, sont attribuées à une intervention divine : c'est le cas des naissances d'Isaac pour Sarah, de Samuel pour Anne, de Jean-Baptiste pour Elisabeth, la cousine de Marie.

....

Mais faut-il pour autant dogmatiser ''la Virginité Perpétuelle de Marie, son Immaculée Conception et son Assomption'' ?

A mon sens pas un instant ! Depuis cette dérive palpable Marie est désignée comme étant la Mère de Dieu, ce qui pour de nombreux croyants crédules reviendrait à penser qu'elle est la Mère du Tout Puissant Créateur Dieu le Père. Jn 8:58.

En ce cas pourquoi ne pas avoir créé un dogme pour Noé, homme juste et intègre au temps de la corruption de l'humanité, à Abraham à qui Dieu a établi une Alliance perpétuelle entre Lui et lui (Gn 6:5-8 ; 17:3-5...) ?

Pour des raisons évidentes l'église catholique ne niera rien de ce qu'elle affirme et ce qu'elle enseigne, elle continuera à défendre les dogmes hérétiques quoi qu'il arrive et cela au détriment des fidèles qui prient et aspirent en vain et non plus en Dieu le Père (Jn 1:1-5 ; 14:6).

Marie est dorénavant dans la conscience collective des fidèles catholiques dit chrétiens, Mère de Dieu et Mère de tous les hommes alors qu'elle fût choisit par le Très Haut pour enfanter Messie Jésus et remplir son rôle de mère aimante.

Marie n'a rien fait d'exceptionnelle et d'extraordinaire en comparaison de la vie de Noé, d'Abraham et de biens d'autres oints, qu'une toute autre mère envers sa progéniture.

Marie Ointe (élue) est membre du Corps de l'Église du Messie,
mais pas pour autant, la Mère de l'Église Spirituelle, encore moins de la Création,
comme Abraham père de tous les croyants n'est pas pour autant,
le Père Créateur de toutes vies et de toutes choses. Gn 12:1-3 ; Rm 4:9-12.

Si Noé n'aurait point existé Abraham ne serait point né et encore moins Marie, mère de Jésus, alors que Messie Jésus à toujours Était auprès de Dieu avant toutes vies de toute la création. Jn 8:57-58.

....

Marie l'Arche de la Nouvelle Alliance selon l'Église Romaine

Adam est une préfiguration du Nouvel Adam, Jésus (Rm 5:14,19)

Adam plongea le monde dans le péché.

Christ-Jésus vient racheter le péché d'Adam.

Adam pécha par la désobéissance devant l'Arbre de la Connaissance du Bien et du Mal.

Christ-Jésus racheta le monde par l'obéissance par son sacrifice à l'Arbre de la croix.

Par conséquent Christ-Jésus devient, le Nouveau, le Second et le Dernier Adam (1Cor 15:45).

D'Éve à Marie, la Nouvelle Éve (1Cor 10:1-2).

La Bible enseigne que la traversée de la mer rouge (Ex 14), préfigurait le baptême (1P 3:19-21).

L'arche de Noé et le déluge préfiguraient d'être sauvé par le baptême et l'église.

Nous lisons en 1Cor 5:7, que l'agneau pascal qui fut sacrifié (Ex 12), préfigurait le Christ, l'Agneau de Dieu qui enlève le péché du monde (Jn1:29).

En Hé 8:8-10, que le système de l'Ancienne Alliance était une figure de la Nouvelle Alliance.

Mt 12:40, que les trois jours et les trois nuits que passa Jonas dans le ventre de la baleine, préfigurait la résurrection de Christ d'entre les morts, trois jours après.

Nous constatons que l'accomplissement d'une préfiguration est plus grand que l'événement qui annonce la préfiguration.

Christ-Jésus est infiniment plus grand qu'Adam, le Nouveau Testament est plus grand que l'Ancien, la résurrection est plus grande que les déboires de Jonas étc...

....

Les Préfigurations de Marie

La première femme Ève pécha (Gn 3:1-3).

Marie est la Nouvelle Ève, comme Christ Est Le Nouvel Adam dans les évangiles.

Ève communiqua avec un ange déchu, le serpent et désobéi.

Marie communiqua avec l'Ange Gabriel et lui obéi (Gn 3:4-6 ; Lc 1:26-38).

Parallèlement au Seigneur, on trouve aussi la Vierge Marie obéissante (Lc 1:38).

Ève au contraire, avait été désobéissante, elle avait désobéi alors qu'elle était encore vierge…

Ainsi, le nœud de la désobéissance d'Ève a été dénoué par l'obéissance de Marie.
Car ce que la vierge Ève avait lié par son incrédulité, la Vierge Marie l'a délié par sa foi.

Dans l'Ancien Testament en Gn 3:20, Adam appela sa femme Ève,
car elle devait-être la mère de tous les vivants.

Marie de manière encore plus grande est la mère de Jésus Christ la Vie
(Jn 1:4 ; Mt 1:16 ; Jn 14:6).

Jésus est la Vie et Marie littéralement, la mère de la vie elle-même,
le parallèle est chair avec Ève mère de tous les vivants.

La différence, c'est que Marie est mère d'une vie infiniment supérieure à l'existence humaine (2Cor 5:17).

L'accomplissement de marie mère de tous les vivants est ici encore supérieur,
à la préfiguration d'Ève mère de tous les vivants qui a été créée sans aucun péché.
A la base, la Nouvelle Ève Marie devait aussi être créée sans aucun péché,
c'est à dire, conçue immaculée de tout péché.

Marie est donc la Nouvelle Ève, la 1ère figure féminine membre de l'humanité rachetait.

Définition de l'Immaculée Conception. Pape Pie IX, Ineffabilis Deus ; 8 Déc 1854.

«*Nous déclarons, prononçons et définissons que la doctrine,*
qui tient que la bienheureuse Vierge Marie a été, dans le 1er instant de sa conception,
par la grâce et en faveur singulière de Dieu Tout-Puissant,
en vue des mérite de Jésus-Christ, Sauveur du genre humain,
préservée intacte de toute souillure du péché originel, est une doctrine révélée de Dieu,
et qu'ainsi elle doit être crue fermement et constamment par tous les fidèles.»

….

L'immaculée conception se rapporte à la conception de Marie.

Marie fut donc préservée de taches du péché originel qu'hérita tout membre de l'espèce humaine.

Parce qu'elle devait-être le vaisseau pure et bénie qui porterait Dieu Tout-Puissant.
Afin de porter la Sainte Sainteté infinie, Marie devait-être sainte dans le 1er instant de sa création.

Jésus a sauvé Marie d'une plus grande manière (Lc 1:46-47).
Dieu l'a préservé du péché originel.

L'absence du péché de Marie est indiquée par de nombreuses préfigurations dans la Bible.

Dieu a voulu révéler un nouveau mystère, ce mystère est l'Arche de la Nouvelle Alliance. Puisse qu'elle représentait et transportait la présence de Dieu.

L'Arche de l'Ancienne Alliance était la plus simple et la plus puissante sur terre en dehors de Dieu Lui-Même.

L'Arche de l'ancienne contenait les Tables de la Loi et le Bâton de Moïse (Dt 10:5 ; Nb 7:89 ; Ex 25:21-22).

La Vierge Marie contenait la Parole de Dieu faite chair (Jn 1:1 ; Ap 19:13).

L'Arche de l'Ancienne Alliance (Ex 40:34-35). La Vierge Marie (Lc 1:35).

Le Tabernacle fut construit pour contenir la Sainte Arche (Ex 40:2-3).

Quand Dieu descendait sur le Tabernacle et l'Arche pour parler à Moïse, on lit en Ex 40:30-35 que la nuée de gloire et la présence de Dieu (appelé la 'Shekinah') la couvrait. Dans la traduction grecque de l'AT, le mot rare utilisé pour décrire comment cette présence unique de Dieu couvrait l'Arche est 'Episkiasei' (Ex 40:34-35).

Le même mot 'Episkiasei' est utilisé dans le texte grec du NT pour décrire comment la présence de Dieu couvrait de son ombre la Vierge Marie.

La Bible n'utilise ce langage que pour l'Arche de Marie (Lc 1:35).

Il en ressort clairement que l'ombre de Dieu couvre Marie et descend sur elle car elle est la Nouvelle Arche tout comme la présence de Dieu couvrait l'Arche de l'Ancienne Alliance.

L'Arche de l'Ancienne Alliance en 2S 6:9 ; 2R 6 et la Vierge Marie en Lc 1:43.

....

Nous constatons qu'Elisabeth dit la même chose sur Marie ce que disait David sur l'Arche de l'Ancienne Alliance, car Marie est l'Arche de la Nouvelle Alliance. La seule différence entre ces deux déclarations est littéralement que mère est utilisée là où "Arche" fut utilisée.

Les écritures disent que : « la 'Mère' de mon Seigneur » = Arche.

En 2S 6:16 que David sauta devant l'Arche en Lc 1:41-44 quc l'enfant d'Elisabeth Tressaillit en la présence de Dieu.

Comme nous le savons Elisabeth était la cousine de la Vierge Marie et la mère de Jean-Baptiste.

2S 6:11 l'Arche resta pendant trois mois, en Lc 1:56-57 Marie (l'Arche) resta environ trois mois avec Elisabeth.

2S 6:2 David partit chercher l'Arche en Juda en Lc 1:39-40 Marie (l'Arche) se rendit en Juda.

Nous lisons dans Ap 11:19 ; 12:1.

Ça indique que la femme enveloppée du soleil qui a porté la personne divine dans son ventre, n'est autre que la Vierge Marie, l'Arche du NT.

Dans Hé 9:4 l'Arche contenait la manne du ciel du désert en Jn 6:48-51.

Marie contenait la manne du ciel, Jésus.

Il ne fait aucun doute que les écritures relatent par ses mystères que la manne dans le désert en Ex16 préfigurait Jésus entant que pain de Vie.

Jésus fait un lien entre les deux dans Jn 6:48-51, en faisant référence de la manne dans le désert puis en disant que sa chair est la vraie manne du ciel.

Et bien la manne dans le désert était placée à l'intérieur de l'Arche de l'Ancienne Alliance ceci préfigurait Jésus-Christ Lui-Même, la véritable manne du NT contenue en Marie, la mère de Jésus.

Dans Hé 9:4 on voit aussi que le bâton d'Aaron se trouvait dans l'Arche de l'Ancienne Alliance, et dans Nb 17, que ce bâton fleurira pour choisir le Grand Prêtre.

Le bâton d'Aaron signifiait le Grand Prêtre, Jésus dans Hé 3:1-2.

La conclusion qui s'en suit, c'est que le bâton d'Aaron préfigurait Jésus le vrai Grand Prêtre, Pontife contenu en Marie.

Les Écritures révèlent que Marie est l'Arche de la Nouvelle Alliance.

....

Cette preuve pour nous est indéniable puisque Dieu a voulu nous révéler par le mystère de Marie, qu'elle est l'Arche de la Nouvelle Alliance.

Ça signifie qu'elle est la chose la plus sacrée sur terre en dehors de Jésus.

En 2Ch 35:3 l'Arche de l'Ancienne Alliance était la chose la plus Sainte sur terre en dehors de la présence de Dieu Lui-Même, et l'Arche était contenue dans le Tabernacle en le Saint des Saints, c'est à dire, dans le Temple de Salomon.

L'Arche était si Sainte que lorsque le peuple de Dieu la suivait,
il devait garder une distance respectueuse (Js 3:3-5).

Marie la Nouvelle Arche pour nous, elle devait-être Sainte et créée sans péché.

Dieu donna les spécifications les plus précises dans la construction de l'Arche
(Ex 25:10-13, 24).

Donc l'Arche de l'Ancienne Alliance devait être parfaite et Sainte,
c'était le Siège de l'unique présence Spirituelle de Dieu.

La Sainteté de Dieu ne pouvait pas être souillée par un contact de ce qui le fait défaut.

De même, en méditant les écritures nous pouvions conclure, de façon encore plus, que la Vierge Marie en tant que la Nouvelle Arche de la Nouvelle Alliance et porteuse de Jésus-Christ devait être elle aussi sans péché dans un état de perfection.

Elle ne contenait pas simplement la présence Spirituelle de Dieu, les Tables de la Loi, les Dix Commandements, la Parole Écrite de Dieu mais la Parole de Dieu faite Chair (Jn 1:1).

Par conséquent Marie doit être libre de tout péché, elle doit être parfaite,
elle doit être toujours vierge et intacte. Si l'Arche de l'Ancienne Alliance qui contenait les Tables Écrites de la Loi était couverte par la présence spirituelle de Dieu,
qu'elle devait être couverte d'or pur et construite selon des spécifications les plus précises de Dieu, combien plus grand Dieu a t-Il construit Marie l'Arche de la Nouvelle Alliance.

L'accomplissement en lui-même étant plus grand que la préfiguration qu'Il annonce.

Marie, est l'Arche de la Nouvelle Alliance doit être, et est, plus grande que l'Arche
de l'Ancienne Alliance.

Nous constatons aussi, que la terre avec laquelle Adam fut créé est une préfiguration de Marie, et sa préservation du péché, son immaculée conception.

Nous avons établi que Jésus-Christ est le Nouvel Adam.

....

Adam fut créé avec la terre ('Adamah').

Mot hébreu pour terre (Gn 2:7).

C'est un nom féminin.

Adam est ainsi nommé parce qu'il est originaire de l'adamah.

De l'adamah son nom, signifie fils de la terre, fils de l'adamah.

La terre à laquelle Adam fut créé est une préfiguration de Marie.

Le 1er Adam fut crée par Dieu avec de la terre.

Le 2è Adam Jésus-Christ prit chair en Marie, sa mère.

Donc la question est : quelle était l'état de la terre lors de la création en Gn 1:31 ?

La terre d'où fut formée Adam, avant la chute était parfaite,
non déchue et bénie. Le péché et la malédiction n'avaient pas leurs places en elle.

Nous constatons que Marie qui donne naissance au second Adam,
Jésus-Christ, doit être également parfaite, non déchue et bénie.
Elle doit-être préservée de toute souillure du péché, de la malédiction du péché originel.

Appelé l'Immaculée Conception.

Seule Marie et son absence de péché remplie pleinement ce qui est prédit
dans Gn 3:15.

Peu après la chute d'Adam et d'Éve, Dieu fit cette prophétie en Gn 3:14-15.

Ce passage traite de la semence de la femme et de la victoire qui sera accordée au
travers de la femme, c'est bien évidemment Marie, la mère de Jésus-Christ.

Il y a un mystère encore plus extraordinaire.

Les écritures révèlent que Marie, soit cette femme libre de la domination du péché,
la raison à laquelle que Jésus appel Marie, femme.

A travers tout le NT, Jésus n'appel jamais autrement sa mère que femme (Jn 2:3-5)

Jésus identifie Marie à la femme en Gn 3:15.

En Jn 19:26-27 bien qu'il ait d'autres femmes au pied de la croix,
Jésus singularise sa mère.

Il ne l'appellera pas autrement que femme parce qu'Il veut révéler se mystère qui est
que Marie est la femme en Gn 3:15, celle en opposition complète avec le serpent
(Lc 1:46-50).

....

Ben Voyons !

En résumé, les pères de l'église romaine affirment sans aucune ambiguïté que la Vierge Marie est l'Immaculée Conception parce qu'elle a été Préservée de toute souillure du péché, de la malédiction du péché originel avant et après sa conception, qu'elle est par le Mystère de Dieu la préfiguration de la Nouvelle Éve, l'Arche de la Nouvelle Alliance, la femme décrite dans le livre de l'Apocalypse.

Définition de l'Immaculée Conception. Pape Pie IX, Ineffabilis Deus ; 8 Déc 1854.

«*Nous déclarons, prononçons et définissons que la doctrine,*
qui tient que la bienheureuse Vierge Marie a été, dans le 1er instant de sa conception,
par la grâce et en faveur singulière de Dieu Tout-Puissant,
en vue des mérite de Jésus-Christ, Sauveur du genre humain,
préservée intacte de toute souillure du péché originel, est une doctrine révélée de Dieu,
et qu'ainsi elle doit être crue fermement et constamment par tous les fidèles.»

Toutes ces théories doctrinales concernant Marie que l'église catholique tient comme vérité absolue, ne me convainc pas mais absolument pas !

Dans le livre de la Gn 1:26, Dieu se parle t-il à Lui-Même (Jn 1:1-5 ; Col 1:15-20) ?

A qui Jésus s'adressent-il sur la colline du Crane (Mt 27:46 ; Lc 23:34, 46) ?

Faut-il ne plus tenir compte en ce qui est écrit en Ex 20:4-5 ; Mc 12:28-30 ?

Le péché originel n'évoque t-il pas les conséquences de cette 1ère faute sur l'ensemble de l'humanité, le péché hérité (Rm 3:9-12, 21-23 ; 5:12-14 ; 2Cor 5:21) ?

Comme vous et moi, Marie Immaculée Conception, n'est-elle pas née d'une femme et d'un homme ayant hérité le péché originel ?

A moins que l'évangile de Jacques (IIe siecle après J-Ch), intitulé "Nativité de Marie", soit authentique, dans ce cas précis, pourquoi l'église ne tient pas pour canonique ?

Le péché originel n'est-il que seulement d'ordre charnel (Gn 3:1-24) ?

D'après l'église romaine en Mt 12:46-47, il ne s'agirait pas au sens propre les demis frères et sœurs de Jésus, autrement dit, les fils et filles de Marie et de Joseph, mais des frères à la manière orientale.

«*Quand le mensonge et la crédulité s'accouplent ils engendrent l'opinion*».
Mt 12:48-50.

....

Dans le livre de l'Ap 11:19, ne s'agirait-il pas simplement de l'Arche de la Nouvelle Alliance qui préfigure l'Église Spirituelle, attestant du Couronnement de la Royauté du Messie et du Tout Puissant Règne de Dieu sur le monde et dans tout l'univers ?

Ap 12:1, le soleil ne signifierait-il pas la lumière éclatante de la gloire divine de Dieu enveloppant l'Arche de la Nouvelle Alliance, l'Église Spirituelle, l'Épouse du Messie (Ps 19:1-15 ; 84:12 ; Lc 1:76-79) ?

Comme la lune étant le luminaire de l'obscurité, elle peut tout aussi bien symboliser le coté obscure de la nuit (ténèbres) comme l'obscure Babylone la fameuse prostituée des fausses religions (Ap 17:6).

Quant aux étoiles qui couronnent la tête de la Femme, elles peuvent évoquer non seulement les 12 tribus d'Israël mais éventuellement les 12 Apôtres (Gn 37:9-11 ; 1Cor 15:39-41).

Concernant la prophétie en Gn 3:15, nous lisons : «...Il t'écrasera la tête...»
L'Ap 12:1 :«...la lune est sous ses pieds...»

Il me paraît évident qu'il ne s'agit non pas de Marie écrasant de son pied la tête du serpent comme elle est si souvent érigée en statue dans la plupart des églises romaines, mais plutôt Le Grand Prêtre contrôlant l'esprit mauvais et impie de Satan sur le monde, Christ Jésus.

La Femme en Ap 12:1, allégorie de l'Église Spirituelle, l'Épouse de Christ-Jésus, l'Arche de la Nouvelle Alliance (2Cor 11:2... ; Ép 5:25-27).

Tout comme Abraham, avant que Marie existât Jésus Était (Jn 8:58).
Ointe par Dieu pour engendrer le Messie, elle est l'une de ceux qui ont été racheté entres les hommes (Ap 3:4-5 ; 6:9-11).

« *L'interprétation a ses failles, une fausse traduction une volonté de tromper* ».

....

Miracles

Événements qui suscitent l'émerveillement ou l'étonnement ; phénomènes physiques qui dépassent les pouvoirs connus de l'homme ou de la nature et qui sont par conséquent attribués à une intervention surnaturelle.

Dans les Écritures hébraïques, le terme ***môphéth***, parfois traduit par " miracle " signifie également " présage ", " prodige " et " signe ". 1Ch 16:8-12...

Il est souvent employé de pair avec le mot hébreu ***'ôth***, qui signifie " signe ". Dt 4:34-35.

Dans les Écritures grecques, le mot ***dunamis***, " puissance ", est rendu par ' œuvres de puissance ', ' capacité ', ' force ', 'miracle'. Lc 6:17-19 ; 1Cor 12:4-11.

Pour celui qui en est témoin, un miracle est quelque chose d'étonnant qu'il est incapable de reproduire ou même de comprendre pleinement.

C'est également une œuvre de puissance qui exige des pouvoirs ou une connaissance plus grands que les siens. Mais pour celui de qui proviennent ces pouvoirs, il ne s'agit pas d'un miracle.

Ainsi, de nombreuses actions de Dieu stupéfient les humains.

Jésus accomplissait ses œuvres ouvertement et publiquement : il ne les entourait pas de mystère ; il guérissait tous ceux qui venaient à lui, sans connaître d'échec sous prétexte que certains n'avaient pas suffisamment de foi. Mt 8:14-17 ; 9:35-38 ; 12:9-13.

Les guérisons miraculeuses de même que la maîtrise des éléments se distinguaient par leur simplicité. Mc 4:35-41 ; 5:21-42 ; 10:46-52.

À la différence des prouesses de magie qui nécessitent des accessoires, une mise en scène, un éclairage et de rituels spéciaux, les miracles de la Bible étaient généralement accomplis sans ostentation ; souvent, ils faisaient suite à une rencontre imprévue, à une requête, et avaient lieu sur la voie publique ou à un endroit improvisé. 1R 13:1-6 ; Lc 7:11-17 ; Ac 28:1-10.

L'auteur du miracle ne cherchait pas à se mettre égoïstement en évidence ni à s'enrichir, au contraire, il désirait avant tout glorifier Dieu. Jn 11:1-6, 11-45.

Les miracles n'étaient pas des actes mystérieux destinés uniquement à satisfaire la curiosité des témoins ou à les déconcerter. Ils étaient toujours utiles aux autres, parfois directement sur le plan physique, et surtout dans sur le plan spirituel ; ils dirigeaient les personnes vers le vrai culte.

....

Tout comme rendre témoignage à Jésus, c'est ce qui inspire l'esprit de la prophétie, de même, de nombreux miracles désignaient Jésus comme l'envoyé de Dieu. Ap 19:7-10.

Les miracles inscrits dans la Bible ne concernaient pas seulement des choses animées, mais aussi des choses inanimées : par exemple calmer le vent ou la mer, Mt 8:23-27, arrêter ou provoquer la pluie, 1R 17:1-16 ; 18:41-45, changer de l'eau en sang ou en vin, Ex 7:19-21 ; Jn 2:1-11.

Cette grande variété de miracles témoigne en faveur de leur origine divine, car il est logique de penser que seul le Créateur pouvait agir dans tous les domaines de la vie humaine et sur toutes sortes de matières.

Les miracles servirent plusieurs desseins importants.

Le plus fondamentalement, ils permettaient de prouver et de confirmer qu'un homme bénéficiait de la puissance et du soutien de Dieu. Ex 4:1-9.

Aussi bien pour Moïse que pour Jésus, le peuple tira cette bonne conclusion. Ex 4:28-31 ; Jn 9:1-41.

Par l'intermédiaire de Moïse, Yahvé avait promis qu'un prophète viendrait.

Les miracles de Jésus aidèrent ceux qui en étaient témoins à l'identifier à ce prophète. Dt 18:18-22 ; Jn 6:14-15.

Au début du christianisme, les miracles s'ajoutèrent au message pour aider les gens à comprendre que Dieu soutenait le christianisme et qu'Il avait rejeté l'ancien système de choses juif. Hé 2:1-4.

Les dons miraculeux visibles au 1er siècle disparaîtraient avec le temps. Ils ne furent nécessaires que durant l'enfance de la congrégation chrétienne. 1Cor 13:4-11.

Aujourd'hui, on ne voit plus Dieu accomplir de tels miracles par l'intermédiaire de ses serviteurs chrétiens, parce que, dans le monde entier, ceux qui savent lire disposent de tout le nécessaire pour aider ceux qui sont illettrés mais disposés à écouter. Il y a des chrétiens mûrs qui ont acquis connaissance et sagesse par l'étude et l'expérience.

Il n'est donc pas nécessaire, à l'heure actuelle, que Dieu opère ce genre de miracles pour attester que Jésus Christ est le Libérateur qu'il a établi, ou pour prouver qu'il soutient ses serviteurs.

Même si Dieu continuait d'accorder à ses serviteurs le pouvoir d'opérer des miracles, cela ne convaincrait pas tout le monde, puisque même les témoins oculaires des miracles de Jésus n'acceptèrent pas tous ses enseignements. Jn 12:9-11.

....

Toutefois, la Bible avertit les railleurs que Dieu fera des choses impressionnantes lors de la destruction du présent système de choses. 2P3:1-10 ; Ap 18:1-24 ; 19:1-21.

En conclusion, on peut dire que les hommes qui nient l'existence des miracles : soit ne croient pas en Dieu, soit croient qu'il n'a pas manifesté sa puissance de façon supra humaine depuis la création, mais leur incrédulité ne rend pas la Parole de Dieu sans effet. Rm 3:1-4,19-20.

Les récits bibliques des miracles divins, ainsi que le but louable qu'ils ont atteint, toujours en harmonie avec les vérités et les principes contenus dans Sa Parole inspirent confiance en Dieu. Ils donnent la ferme assurance qu'Il s'intéresse à l'humanité, qu'Il peut protéger ceux qui le servent et qu'Il le fera.

Les miracles sont des modèles typiques, et leur relation renforce la conviction que Dieu interviendra dans l'avenir d'une manière miraculeuse, qu'il guérira et bénira les humains fidèles. Ap 21:4.

Chaque année des milliers de personnes handicapées, malades de maladies incurables se rendent à Lourdes dans l'espoir d'être miraculeusement guéries, et c'est le cas selon des témoignages.

Tous les fidèles des différentes religions que compte le globe en disent tout autant, qu'ils ont été témoins de l'apparition de l'une de leurs divinités, pour d'autres, ont été guéris par l'une d'entre elle.

Ne s'agit-il pas là d'un piège, un filet tendu par Satan, une moquerie envers Dieu ?

Si non ! En quoi ces différents cultes sont-ils si différents des églises dites chrétiennes ?

Si nous avions le don de guérir toutes sortes de maladies et handicaps, que nous avions en tant que parents au sein de notre famille pas un mais deux enfants handicapés, choisirions nous l'un plutôt que l'autre ?

Combien plus le Père céleste, le Dieu Tout Puissant, Dieu de l'Amour, Ferait bien plus encore si Il était l'auteur de tels miracles. Mt 15:29-31, 32-38.

....

Apparition

Ce mot signifie en grec "**phantasma**".
Ce mot est diversement traduit par "**fantôme**" ou "**apparition**" Mt 14:26 (Mc 6:49).

Autrement dit une apparition est une illusion, un phénomène dépourvu de réalité.
Messie Jésus assura ses disciples qu'il ne s'agissait pas d'une apparition mais que c'était bien lui Mt 14:27-31 (Mc 6:50).

Lorsque Messie Jésus ressuscita, ceux-ci s'imaginèrent voir un esprit alors qu'il apparaissait sous forme humaine charnelle et non en tant qu'esprit c'est pourquoi il leur demandait de le palper Lc 24:36-43 (Gn 18:1-8 ; 19:1-3).

....

La Prière

Acte d'adoration par lequel on s'adresse au vrai Dieu, ou à des faux dieux.

La prière implique l'attachement, la confiance, le respect et un sentiment de dépendance envers celui qu'on prie.

Les divers mots hébreux et grecs relatifs à la prière emportent les idées suivantes :

Demander, faire requête, implorer, supplier, solliciter, demander instamment, insister (auprès de), implorer la faveur (de), rechercher, interroger, mais aussi louer, remercier et bénir.

Des requêtes et des supplications peuvent, bien sûr, être adressées à des humains, et les termes originaux ont parfois ces sens, Gn 44:18 ; 50:15-17 ; Ac 25:10-11, en revanche, le mot prière, employé dans un sens religieux, ne s'applique pas dans ces cas.

On peut ''supplier'' ou ''implorer'' quelqu'un de faire quelque chose, mais ce faisant on ne le considère pas comme son Dieu.

On n'adresserait pas, par exemple, ''de requête muette'' à cette personne, on ne le ferait pas si elle n'était pas présente, visible, ce qu'on fait lorsqu'on prie Dieu.

Il faut avoir ''foi en Dieu'', être convaincu qu'il est Celui qui récompense ceux qui le cherchent réellement. Hé 11:1-40. S'approcher de Lui dans la pleine certitude de la foi. Hé 10:19-25, 36-39.

Il est indispensable de reconnaître qu'on est pécheur et, si on a commis des péchés graves, il faut adoucir la face de Yahvé. 1S 13:8-14 ; Dn 9:12-19 en adoucissant d'abord son propre cœur dans un sentiment sincère de repentance, d'humilité et de contrition. 2Ch 34:22-33.

Alors Dieu peut se laisser implorer, accorder son pardon et écouter avec faveur tous ceux qui prennent conscience de leurs actes. 2R13:1-4 ; 2Ch 7:11-22 ; 33:1-20 ; Jc 4:6-12.

On n'a plus la sensation que Dieu barre tout accès auprès de Lui avec une masse nuageuse, pour que la prière ne passe pas. Lm 3:31-50.

Même si Dieu ne cesse pas complètement d'écouter celui qui ne suit pas ses conseils, les prières de cet homme risquent d'être " entravées ". 1P3:5-12.
Ceux qui veulent se faire pardonner doivent pardonner aux autres. Mt 6:14-15 ; Mc 11:25 ; Lc 11:4.

....

Pour être acceptable, une prière doit être adressée à qui de droit, à Yahwé Dieu.

Elle doit aborder des sujets qui conviennent, c'est-à-dire conformes aux desseins déclarés de Dieu. Elle doit être dite de la bonne manière, par l'intermédiaire de la " voie " décidée par Dieu, "Christ Jésus". Elle doit être faite avec de bons mobiles et un cœur pur. Jc 4:1-6.

Il nous faut avoir de la persistance, Jésus disait : continuez à demander, à chercher, à frapper. Lc 11:5-13 ; 18:1-17.

Le livre des Psaumes tout entier consiste en prières et en chants de louange à Dieu, et son contenu donne une idée de ce que devrait-être la prière.

Jésus Christ est la seule et unique " voie " ou " le chemin " de réconciliation avec Dieu et d'accès auprès de Dieu dans la prière. Jn 14:6, 15 ; 16:23-24 ; Ép 2:13-18...
Chaque jour l'église catholique célèbre un (e) saint (e), ce qui à l'année fait 365 saints.

1,3 milliards de catholiques vénèrent, aspirent et prient un saint différent chaque jour que Dieu fait, bien sûr Marie surpasse toutes les saintetés du fait qu'elle est la Mère de Dieu et peu importe ce que disent les Textes Sacrés. (Hé 5:1-10 ; 7:20-28 ; Jn 14:6).

A savoir par quel moyen les catholiques ont la certitude que leurs prières furent exaucées par tel ou tel saint (e) mystère et boule de gomme. Si l'on se réfère avec un grand "H" à l'Histoire de l'église universelle (catholique) et que l'on la confonde à Celle du Messie Jésus, c'est comme dire que l'Eglise Spirituelle de notre Seigneur est la fameuse Babylone, la Vierge Marie, la prostituée. 1Cor 12:12-30 ; Ép 4:17-27... ; 5:1-2, 8-20 ; 6:10-20.

Les prédécesseurs de Paul, les patriarches bibliques, ont toujours prié en direction de Dieu pour eux-mêmes et pour tous ceux et celles qui souhaitaient réussir dans La Volonté du Tout Puissant, afin de mériter Son Pardon et Son Salut. Jamais ils n'ont fait savoir et n'ont fait entendre qu'il fallait les prier eux et uniquement eux pour qu'ils nous délivrent, nous protègent du mal et nous aident à répondre à nos différents problèmes de notre vie de tous les jours en exhaussant nos prières ! Ex 20:4-6 (Jn 14:6). C'est donc bien à dessein que l'église romaine enseigne et encourage ses fidèles à prier Marie et tous les saints (es) qu'elle canonise.

Voici comment un mythe vient à naître : Pie XII 1950 - CONSTITUTION APOSTOLIQUE MUNIFICENTISSIMUS DEUS D�FINISSANT LE DOGME DE L'ASSOMPTION

L'église romaine n'est pas plus différente que les différents cultes, sectes païens placés sur la surface de la terre, elle vénère et idolâtre belle et bien des saints (es).
Enseigne et encourage ses fidèles de Prier en leurs directions afin que leurs prières soient exaucées. Mt 23:1-33 ; 2Cor 4:3-4.

....

Le Confessionnel

Le pécheur doit reconnaître son péché, admettre qu'il s'agit d'une offense faite à Dieu, le confesser sans réserve, être attristé du fond du cœur du mal commis et être déterminé à abandonner la façon d'agir ou la pratique en question. Ps 32:5 ; 51:3-4 ; 1Jn 1:9 ; 2Cor 7:8-10...

Il doit faire ce qui est en son pouvoir pour réparer le mal ou le tort qu'il a causé. Puis il doit, dans la prière, demander pardon à Dieu en vertu du sacrifice rédempteur de Jésus-Christ. Mt 5:23-26 ; Ép 1:7.

D'autre part, le chrétien pardonne aux autres leurs offenses quel qu'en soit le nombre. Lc 17:3-4 ; Ép 4:32 ; Col 3:13.

En revanche Dieu n'accorde pas son pardon à ceux qui ne veulent pas pardonner à ses semblables. Mt 6:14-15.

Sur le Plan Légal

Le secret professionnel est strictement limité aux médecins, aux prêtres catholiques dans le cadre de la confession, et aux avocats.

Le secret de la confession est le seul à être absolu, selon le code de droit canonique (canon 983*). Ce droit ne souffre pas d'exceptions, sous peine d'excommunication pour celui qui l'enfreint. (Code de Droit Canon n°1388,1*). Il est par ailleurs garanti par la Cour de cassation qui reconnaît que les ministres du culte, qu'ils appartiennent d'ailleurs à la religion catholique ou à la religion réformée, sont tenus de garder le secret sur les révélations qui leurs sont faites dans le cadre de l'exercice de leur ministère sacerdotal ou en raison de ce ministère (Cass. crim. 11 mai 1959).

Mais avec les affaires de pédophilies révélées depuis les années 1990, le secret de la confession est largement contesté.

Depuis 1992, le Code pénal prévoit que les sanctions prévues dans le cas de violation du secret professionnel ne s'appliquent pas dans les situations de sévices sur mineurs de moins de 15 ans.

Il est dit encore : "*Sans l'usage de la confession, il est impossible d'éduquer les jeunes, sans ce sacrement personne n'est sûr de la moralité*". Don Bosco.

....

***Canon N° 983. Code de Droit Canonique CIC/1983. Canon en vigueur depuis le 27/11/1983.**

1) Le secret sacramentel est inviolable ; c'est pourquoi il est absolument interdit au confesseur de trahir en quoi que ce soit un pénitent, par des paroles ou d'une autre manière, et pour quelque cause que ce soit.

2) A l'obligation de garder le secret sont également tenus l'interprète, s'il y en a un, et aussi tous ceux qui, d'une façon ou d'une autre, ont eu, par la confession, connaissance des péchés.

Confesser ses secrets les plus inavouables aux prêtres est une position périlleuse et dangereuse pour les fidèles. Le faisant, ils n'ont pas la moindre idée de ce qu'il pourrait advenir d'eux si leurs secrets tomberaient en de mauvaises oreilles, révélées en pâturage sur le net par un prêtre confesseur qui à dessein tirerait profit de telles révélations.

Je sais que c'est tiré par les cheveux d'imaginer un pareil cas, mais nous savons aussi que l'homme est capable du meilleur comme du pire.

Contrairement au ''Secret Professionnel'' le prêtre est tenu de ne rien révéler à cause du ''Secret Confessionnel'' sous peine d'être excommunier.

Mais qu'en est-il d'un déséquilibré qui sous couvercle du secret de la confession fait savoir au confesseur qui l'est l'auteur d'un ou de plusieurs crimes de sangs, un ou de plusieurs crimes de viols, qui plus est, a la ferme intention de recommencer autant de fois qu'il est nécessaire pour prouver que Dieu ne se soucie guère de nous ou qu'Il n'Existe simplement pas.

Dans ce cas extrême et précis, le prêtre n'est-il pas coupable de ''Non-Assistance à Personne en Danger'' ? 1Cor 5:1-13 ; Jn 15:12-14.

La Prière n'est-elle pas une Confession ? Mt 6:6…

Le Christ n'Est-Il pas Le Grand Prêtre ? Hé 5:1-10 ; 7:15-28 (8:1-12 ; 9:1-28 ; 10:10…)

Ne Dit-Il pas en : Jn 14:6 ?

Aussi, en quoi cette règle est-elle biblique et respect-elle La Parole Divine ? Mt 22:21 ; Rm 13:1-7 ; 2Cor 6:14… ; Mt 18:15-17 ; Jc 5:19-20.

….

Le Célibat des Prêtres

Le célibat sacerdotal, dans l'Église catholique latine, est une règle selon laquelle seuls des hommes célibataires peuvent être ordonnés prêtres. Cette règle est présente dès les premiers temps de l'Église, comme l'attestent différents conciles du début du IVe siècle.

Signe de l'amour de Dieu

Au XIe siècle, la grande réforme grégorienne impose le célibat : celui qui veut être ordonné doit d'abord s'engager, ce que confirme le deuxième concile du Latran* (1139) qui précise encore que les hommes mariés ne pourront pas être ordonnés.

Exigence du célibat confirmé par le concile de Trente (1545-1563), alors même qu'il est mis en cause par Luther et le protestantisme naissant.

«À l'image du Christ resté célibataire pour faire alliance avec tous les hommes, le prêtre renonce à aimer une personne en particulier pour être signe de l'amour de Dieu pour tous les hommes», détaille aujourd'hui le site de la Conférence des évêques de France.

Un don pour l'Église

Jusqu'au Synode pour l'Amazonie, les papes successifs ont rappelé leur attachement au célibat des prêtres : «Je préfère donner ma vie que de changer la loi du célibat», se serait exclamé Paul VI en 1968.

«Le célibat sacerdotal, la discipline de la prière, la simplicité de vie et l'habit ecclésiastique sont des signes évidents, que le prêtre est homme placé à part pour le service de l'Évangile », affirme Jean-Paul II en 1999.

De retour des JMJ au Panama en janvier 2019, le pape François aurait repris les propos de Paul VI, ajoutant : «Personnellement, je pense que le célibat est un don pour l'Église. Je ne suis pas d'accord pour permettre le célibat optionnel, non ».

Une discipline et des exceptions

Pourtant, il y a des prêtres mariés dans l'Église catholique.
Des exceptions telles qu'elles nourrissent la réflexion autour de l'ordination des viri probati** en Amazonie. Avec une précision de taille : il s'agit toujours d'hommes mariés qui accèdent, dans des cas particuliers, au sacrement de l'ordre, et non pas des prêtres ordonnés qui, au cours de leur sacerdoce, peuvent se marier.

....

Ainsi, dans les églises orientales : copte, melkite, maronite, chaldéenne, rattachées à Rome, des hommes mariés sont ordonnés.
Toutefois, ils ne seront pas appelés à l'épiscopat***, mais exercent leur ministère au même titre que les prêtres ayant choisi le célibat au moment de leur ordination.

Marié, veuf, prêtre

Autre cas de figure avec les pasteurs protestants anglicans pour la plupart qui ont choisi de rallier l'Église catholique romaine et restent évidemment mariés.

Dernier état qu'on peut encore évoquer : les hommes mariés et veufs peuvent être ordonnés prêtres, à condition que les éventuels enfants ne soient plus à leur charge, mais ils ne pourront pas se marier à nouveau.

Tel que les débats synodaux**** l'envisagent, l'ordination des viri probati serait une nouvelle voie d'accès au sacerdoce, strictement limitée, répondant à la préoccupation première de l'accès aux sacrements de la communauté chrétienne. Des hommes disponibles pour le service de l'Église.

*Latran : désigne un site à Rome, dont certains bâtiments (comme l'archibasilique Saint-Jean et le palais contigü) appartiennent en extraterritorialité à l'État de la Cité du Vatican.

** Viri probati : des hommes d'âges mûrs qui ont fait leur preuve sur le plan chrétien.

***Épiscopat : Dignité d'évêque ; temps pendant lequel un évêque occupe son siège.

**** Un synode : est une assemblée délibérative d'ecclésiastiques

La Croix

Soit, le taux de débordements sexuels à cause de la discipline du célibat n'est pas plus élevé dans la caste sacerdotale que dans n'importe quelle autre catégorie socio-professionnelle. En revanche, si l'église catholique n'avait pas imposé de façon dogmatique le célibat des prêtres, mais aurait seulement enseigner la Parole de Dieu telle qu'elle, l'église romaine ne serait pas aussi tourmentée aujourd'hui par ces nombreuses affaires de pédophilies sur jeunes mineurs dans le monde, et non plus aussi, un lieu de refuge pour pédophiles couvert par le code de droit canonique (canon 983) du secret de la confession. Lv 21:7,9,13-15 ; Mt 19:10-12 ; 1Cor 7:1-16, 24-40.

....

L'Origine de L'Épiphanie

Mt 2:1-12 plutôt que Luc 2:1-20.

Les rois mages : Gaspard, Melchior et Balthazar.
Originaire d'Asie pour Gaspard, d'Europe pour Melchior et d'Afrique pour Balthazar.
A la fin du 4e siècle l'Épiphanie est la seule et unique fête chrétienne qui célèbre la manifestation de Dieu dans le monde en la personne du Christ avant que ne soit institué la fête appelée Dies Natalis Solis Invicti (Noël), «jour de la naissance du soleil invaincu» fixée au 25 décembre par l'empereur romain Aurélien en 274.

Pour l'église ces sages venus d'Orient témoignent un caractère universel du salut apporté par le Christ et de sa mission. Donc l'Épiphanie fait référence aux rois mages, mais sommes nous bien sûr qu'ils étaient des rois au sens monarchique du terme ? Une exagération qui nous vient de loin. Car les évangiles ne parlent pas d'une seconde de rois mais de mages, de savants capables de lire leur route dans les astres.
La confusion est venue des apocryphes, ces évangélistes non reconnus par l'église mais qui ont eu un impact important sur la culture populaire, ce sont elles qui donnent leurs noms aux rois mages dans le but de renforcer leurs prestiges et montrer que même les plus puissants s'inclinent devant le Christ.

La Tradition de la Fève

C'est une coutume qui remonte à la Rome antique, ce que l'on appelle Saturnale, une fête en janvier en l'honneur du dieu saturne pour marquer la fin de l'hiver, un moment qui permettait le chamboulement de l'ordre des choses.
Les esclaves devenaient les maîtres et inversement et en cette occasion on lisait avec les fèves blanches ou noires celui des servants qui serait le roi de la journée.
Plus tard au moyen âge on adapte cette tradition à l'occasion de la fête des fous.
Le roi du festin était celui qui trouvait la fève dans un gâteau, et pour assurer aléatoirement les parts, on demandait à un enfant de se mettre sous la table pour choisir à qui irait tel morceau, et c'est cet enfant-là qui tire les rois, d'ou l'expression consacrée.
Bien plus tard, c'est au 14e siècle que l'église s'approprie ce rite païen et l'associe à l'Épiphanie, c'est l'époque ou la galette telle qu'on la connaît aujourd'hui s'impose en France comme indissociable à l'événement.

KTO le 06/01/2018

Les fables des philosophes m'inspirent, je ris de celles des enfants
mais celles des imposteurs insultent l'intelligence
et
Associer les traditions et rites païens au Culte Pur c'est associé Christ à Béliar.
2Cor 6:14-18.

....

Le Saint Esprit

Nombreux sont ceux qui pensent avec conviction posséder "l'Esprit Saint" et ont dans le même temps "les dons célestes".

Mais comment savoir ce qu'ils prétendent est exact ?

Dans les environs de l'an 1000 av Jésus Christ, voici comment les hommes pieux étaient considérés : « Ps 12:1-5 ; 14:2-6 ».

Alors que la communauté chrétienne de notre ère est supposée à la face du monde être exemplaire, des membres des maîtres spirituels, le constat est aussi amer qu'au temps de David plus de 3000 ans après JC. Ac 3:12.

Ce qui semble être un paradoxe dans les différentes églises dites chrétiennes, c'est qu'il n'existe aucune entente, aucun échange et de partage entre les membres des différentes églises concernant le Fruit de la Connaissance, la Bible.
La raison à cela, c'est qu'ils se disent tous investis de l'Esprit Saint et être en connexion directe avec Dieu. 1Cor 13:1-3,13 ; 14:1-4, 23.

Sur ce sujet, je place la barre très haute, car jamais il ne me viendrait à l'idée de me venter d'être investit de "l'Esprit Saint de Dieu" à moins d'être fou et à dessein d'être au service d'un autre maître, mais surtout, parce que je n'en suis pas digne.

L'Esprit Saint pour celui qu'il le possède est aussi rare qu'un diamant caché, il serait même plus facile de trouver une mine de diamant que de recevoir l'Esprit Saint de Dieu.

Celui ou celle qui possède "l'Esprit Saint", est "Oint" (Élu), "Apôtre" (Messager) de Dieu. Il est en mesure avant quiconque de prophétiser n'importe quel événement majeur, ce qu'il adviendra d'une personne, d'une nation et mieux que quiconque d'enseigner ce qui doit-être compris de la Parole de Dieu, en plus de posséder les dons célestes. Jn 14:12.

Celui ou celle qui possède "l'Esprit Très Saint de Dieu" ne recule devant aucun danger quelque soit la dangerosité d'un lion affamé, d'un serpent venimeux...
Dn 3:1-100 (24-30) ; 6:2-29 ; Ac 28:1-10.

....

Ceux et celles qui disent avoir "l'Esprit Saint de Dieu" n'ont pas la moindre idée de leur ignorance. A les écoutés, il serait plus facile de recevoir "l'Esprit Saint de Dieu" qu'un étudiant de s'inscrire à une école ou à une université de son choix.
Rien que d'y penser je pouf de rire ! Hé 6:1-8.

Les églises dites chrétiennes ainsi que les pasteurs, les prêtres n'ont plus d'utilité d'être depuis que le Messie a été Crucifié et qu'Il Est Ressuscité.
Son Sacrifice fait de Lui, Le Grand Prêtre Éternel vers qui tout chrétien doit prier, se confesser, louer. Il Est l'Église, la Tête Spirituelle et non plus celle faite de mains d'homme du monde temporel et éphémère. Hé 1:1-14 (7:11-28 ; 10:1-22...). Mt 23:8-12.

Dieu Aurait-Il divisé "Son Saint Esprit" à des guides spirituels divisés et dont l'enseignement est aussi différent qu'il existe d'églises dites chrétiennes ?
Mt 5:17-20 ; Gal 1:6-11,12 ; Jc 2:10-11.

Dans les hôpitaux et corps des armées il existe des aumôneries de confessions religieuses diverses qui sont représentées, pour autant, y a t-il eu depuis leur création des aumôniers prêtres et pasteurs qui au travers de l'Esprit Saint de Dieu ont réalisé des guérisons miraculeuses reconnues par le corps médical et le corps des armées des patients condamnés ?

Si j'étais investi de l'Esprit Saint, je ne me contenterai pas seulement de la messe du dimanche ou une quelconque fête religieuse au cours de l'année pour réaliser de sois disant dons de guérisons.

Je n'irai non pas en des lieux comme à Lourdes, à Fatima, à Guadalupe...
où chaque année pratiquement, de sois disant dons de guérisons et apparitions se produisent.

Jésus qui allait de ci delà prêcher la Bonne Nouvelle et guérissait sans rien réclamer en échange : muets, aveugles, malentendants, paralysés, lépreux, possédés...
j'irai là où l'on ne m'attend pas tous les jours de la semaine afin que la Toute Puissante Parole de Dieu soit entendue et que la foi abonde chez les plus sceptiques des païens.

Les dons de guérisons comme les apparitions extraordinaires ne sont que des leurres pour amasser le plus possible la dime et asseoir leur domination et autorité spirituelle sur leurs ouailles.

Il ne s'agit là que de fables et arnaques, guérir des âmes aux maux invisibles plutôt que ceux qui sont visibles et connues de tous est un filet tendu par les sbires de Satan, rien de plus facile.

Les fidèles des cultes païens en font et disent pareillement de leurs divinités par l'intermédiaire de leurs prêtres, pour autant, devons nous croire et avoir foi en ces divinités de pacotilles et les vénérer ? Mt 7:15-16 ; 24:4-5, 10-13 ; 2P 2:1-3.

....

Le Parler en Langues Don Spirituel

Le texte fondamental pour comprendre le don des langues est Ac 2.
C'est le seul qui décrive vraiment le phénomène.
D'après ce texte, les apôtres annoncent « les merveilles de Dieu » dans des langues étrangères (vts 8-11). Il s'agit de langues connues, compréhensibles et comprises !

Notons que le don des langues est le premier don de l'Esprit répandu sur l'Eglise.
Ce n'est certainement pas par hasard... Jésus a annoncé à ses disciples, peu de temps auparavant, qu'ils porteraient la Bonne Nouvelle jusqu'aux extrémités de la terre (Ac 1:8).

Le don des langues annonce que Dieu veut faire exploser les barrières, faire sortir les premiers disciples de leur conception d'un Evangile réservé au peuple juif, susciter une vision universelle. C'est sans aucun doute pour cela que le don des langues est le premier à s'être manifesté, au jour de la Pentecôte, à des hommes et des femmes qui étaient tous des Juifs, venant de différentes régions du monde pour un pèlerinage à Jérusalem.

Le don des langues a été la possibilité surnaturelle de communiquer avec ces gens dans leur langue maternelle (facilité de communication, pénétration du message), mais surtout un signe pour eux de l'universalité de l'Évangile.
À l'époque, pour les Juifs, la langue sacrée, celle des messages divins, était l'hébreu.
Or, cette fois, Dieu parle toutes les langues des peuples !

Ce don initial du Saint-Esprit, manifesté par le don des langues, deviendra aussi un point de repère de l'action du Saint-Esprit, ce qui explique que dans Ac 10 et 19, la réalité de la descente du Saint-Esprit se manifeste par le même don que celui de la Pentecôte. Pour bien montrer que l'expérience de l'effusion de l'Esprit est offerte à tous, le phénomène du don des langues se répète à certains moments cruciaux.

Paul lui-même dira « Je parle en langues plus que vous tous » (1Cor 14:18), et effectivement dans son action d'évangéliste à travers le monde roman de l'époque, il a dû en avoir bien besoin.

....

Réflexion sur le don dit de «glossolalie» (de type pentecôtiste ou charismatique)

Il s'agit d'un parler en « langues extatiques », c'est-à-dire incompréhensibles, censées être des langues des anges, des langues du ciel ; plus rarement, il s'agit de langues existantes.

Cette expérience est considérée comme le signe du « baptême de l'Esprit » à distinguer du baptême d'eau. Il donnerait au chrétien une nouvelle puissance spirituelle.

Il s'agit d'une pratique de prière par l'Esprit, en langues, ou encore de chant en langues, voire de prophétie en langues. Ceux qui pratiquent le parler en langues le décrivent en quelque sorte comme une forme de super-prière ou de super-louange adressée à Dieu. Ils disent ressentir un grand bien-être, lors de cette expérience !
Dans certains milieux (pentecôtistes surtout), on pratique cet exercice spirituel en groupe, lors des rencontres de l'assemblée, tandis que dans d'autres milieux, en se référant à 1Cor 14, on préfère le faire personnellement chez soi et non pas dans l'assemblée.

De toute façon que ce soit en public ou en privé, pour beaucoup de chrétiens, le « parler en langues » est la marque d'un véritable renouvellement par l'Esprit-Saint.

Cette pratique pose un certain nombre de problèmes, au regard de l'enseignement du Nouveau Testament : Elle va à l'encontre de la description la plus claire de ce qu'est le don des langues (Ac 2) où il s'agit de langues existantes, avec un but de témoignage et non de prière personnelle.

Le seul texte qui pourrait sembler accréditer la thèse de la glossolalie est 1Cor 14. Or, ce texte est globalement négatif par rapport à un parler en langues généralisé tel qu'il se pratiquait à Corinthe (où, il faut le rappeler il existait un parler en langues païens, de type extatique, pratiqué dans les cultes à mystère…)

À ce sujet, il faut rappeler que : Paul écrit d'Ephèse et ne sait donc pas exactement ce qui se passe à Corinthe. Il ne peut condamner en bloc le parler en langues, car il sait qu'il existe un don des langues authentique, venant de Dieu.
Mais il sait aussi qu'il en existe une contrefaçon, et c'est pourquoi il donne des règles précises.

On peut très bien comprendre le texte de 1Cor 14 sans présupposer que l'apôtre parle de langues extatiques. Si l'on comprend qu'un parler en langues étrangères dans une assemblée où il n'y a pas d'étranger est inutile, le texte est également clair et compréhensible.

....

Dans cette hypothèse, le parler en langues est un signe du baptême du Saint- Esprit et est par conséquent destiné à tous, puisque Dieu désire que tous soient baptisés et remplis de son Esprit. Or, on trouve des récits de conversion, de baptême et de réception de l'Esprit dans le livre des Actes où il n'y a aucune mention du parler en langues (Ac 2:41 ; 8:38-40 ; 9:17-18 ; 16:15)

Paul dit clairement que le don des langues n'est pas attribué à tous mais seulement à ceux que l'Esprit a choisi pour ce ministère (1Cor 12:7-11 ; 28-30). Le don des langues est un don parmi d'autres, que Dieu confie à des hommes et à des femmes qu'il choisit.

Par définition, un don spirituel n'est pas destiné à la personne qui le reçoit mais à l'utilité commune. C'est l'enseignement de tout 1Cor 12. Par exemple, la prière personnelle n'est pas un don spirituel. Elle est une composante essentielle de la vie du chrétien, en ce sens qu'elle concerne surtout ma relation personnelle avec Dieu (tout comme la méditation de la Parole de Dieu, par exemple). Si le don des langues est une « super-prière », on comprend mal en quoi il est un don spirituel pour l'utilité commune.

La glossolalie serait un don spirituel essentiellement important pour l'Église, dans sa prière ou son adoration. Or, l'apôtre Paul dit clairement que « les langues sont un signe pour les incroyants » (1Cor 14:22). Comme dans Ac 2, il est donc question d'un don, non pas tourné essentiellement vers l'Église, mais vers le monde, pour l'évangélisation.

S'il restait un ultime argument contre la glossolalie « super-prière » par l'Esprit, c'est le fait que nous n'avons aucune mention de Jésus-Christ la pratiquant.

Si c'était le signe du baptême de l'Esprit, Jésus aurait dû parler en langues au moment où la colombe descendit sur lui. Si c'était un moyen privilégié de contact avec Dieu, il aurait dû le pratiquer, lui, notre modèle. Mais Il ne l'a pas fait !

Pourquoi ?

Parce que la prière toute simple, dans sa langue, était la vraie source de communion avec son Père (Dieu est un Dieu qui parle de manière compréhensible).

Parce que le vrai don des langues d'Ac 2 était réservé à ses disciples qui devaient évangéliser le monde, alors que lui, le Christ était venu pour « les brebis perdues d'Israël ».

Voilà pourquoi Jésus-Christ avait tous les dons spirituels énumérés en 1Cor 12 et ailleurs, sauf celui des langues.

"Il Est Écrit" de Rémy Ballais

Le Carême

Dans la tradition chrétienne, le carême désigne les quarante jours de préparation à la fête de Pâques. Il s'inspire du temps que Jésus a passé au désert pour se préparer à sa mission (Mt 4:1-2).

Les pharisiens jeûnaient « deux fois par semaine » (Lc 18:11-12).
Jean-Baptiste et ses disciples jeûnaient régulièrement alors que les disciples de Jésus ne jeûnaient pas (Mt 9:14).

Les chrétiens doivent-ils obligatoirement jeûner ?

Dieu ordonnait aux Israélites de jeûner le jour des Propitiations,
mais ce commandement fut annulé quand Jésus a fait propitiation une fois pour toutes pour les péchés des personnes repentantes (Hé 9:24-26 ; 1P3:18).

Les chrétiens ne sont pas soumis à la Loi mosaïque (Rm 10:4 ; Col 2:13-14).

Ce qui signifie, que chaque chrétien est libre de décider de jeûner ou non (Rm 14:1-4).

Cliché

Les chrétiens devraient jeûner lorsqu'ils commémorent la mort de Jésus.

Réalité

Jésus n'a pas ordonné à ses disciples de jeûner lors de la commémoration de sa mort (Lc 22:14-18). Quand Jésus a dit que ses disciples jeûneraient à sa mort,
il n'établissait pas un commandement, il annonçait simplement ce qui allait arriver (Mt 9:15).

La Bible conseille aux chrétiens qui ont faim de manger chez eux avant de célébrer le Mémorial de la mort de Jésus et rien d'autre (1Cor 11:33-34).

....

Un Échantillon de l'Enseignement du Clergé

« Youcat »

Livre de Catéchisme de l'Église Catholique pour les Jeunes

Paris 2011

A la question Y 143 : **le pape est-il vraiment infaillible ?**

Réponse **Y** : Quand une vérité de foi évidente est soudain niée ou mal interprétée, l'église doit avoir, en dernier recours, une voix, qui affirme de manière définitive ce qui est vrai et ce qui est faux. Cette voix est la voix du pape. En tant que successeur de Pierre et 1er des évêques, il a le seul le pouvoir de formuler la vérité controversée, en conformité avec la tradition de la foi de l'église, de manière à ce que cette vérité soit présentée aux fidèles comme étant « à croire avec certitude » pour tous les temps. On dit alors : « le pape proclame un dogme »

A partir du livre « Youcat », vérifions 12 questions réponses de l'infaillibilité de l'enseignement de l'église catholique.

Y 76 : **Dieu s'est-il incarné en Jésus Christ ?**

Y : En Jésus, Dieu a endossé notre chair humaine et mortelle,
il a partagé notre destinée terrestre, nos souffrances et notre mort et il est devenu l'un d'entre nous en toutes chose, à l'exception du péché.

Y 77 : l'église a maintenu fermement la foi en Jésus Christ vrai Dieu et vrai homme en une seule personne.

Réflexion : En vérité, à aucun moment dans la Bible il est écrit que Dieu s'est incarné en son fils. Dans l'évangile de Jean, il est question d'engendrement*. Ps 2:7 ; Jn 1:14 ; 3:18 ; Hé 1:1-6.

Au commencement il est écrit en Gn 1:1 ; Dt 6:4 ; 1Cor 8:4 ; Ga 3:20 ; 1Tm 2:5.

Dieu le Père Créateur se parle t-Il à Lui même ? Gn 1:26 ; 3:22 ; 11:7.

En Jn 1:1-2… *« Au commencement était la Parole, et la Parole était* ***avec*** *Dieu, et* ***la Parole était Dieu****. Elle était au commencement* ***avec*** *Dieu… »*

En Col 1:15… *« Il est* ***l'image*** *du Dieu invisible,* ***premier né de toute créature****… »*

….

En Jn 8:58 «*En vérité, en vérité, je vous le dis, **avant qu'Abraham fût, Je suis.*** »
Il va sans dire qu'il ne peut-être autrement avec Marie mère de Jésus.

Le Père Est Dieu : Jn 6:27 ; Rm 1:7 ; 1P1:2.
Le Fils est Dieu : Jn 1:1, 14 ; Rm 9:5 ; Col 2:9-10 ; Hé 1:1-8 ; 1Jn 5:20.
L'Esprit Saint est Dieu et Son Fils : Ac 2:1-4 ; 5:3-4. 1Cor 3:16 ; Rm 8:9.

De condition Divine et à l'image de son Père en tout point parfait, Il n'est non pas, Dieu le Père, mais le Fils semblable au Père. Hé 1:8.

Ce qui semble impossible, inconcevable pour l'homme ne l'est pas pour Dieu.

En outre, il est vrai que Dieu fit en sorte que son fils, l'archange Michel, s'incarne en un fils d'homme du nom de Jésus, le Christ. Ap 12:1-17.

* Engendrement, action d'engendrer par définition reproduire par génération ; procréer.
En aucun cas il est question d'incarnation.

Y 82 : N'est-il pas choquant de donner à Marie le titre de « mère de Dieu » ?

Y : Non. Donner à Marie le titre de mère de Dieu, c'est confesser que son fils est Dieu. Marie n'a pas seulement donnée le jour à un homme qui serait « devenu » Dieu après sa naissance, mais elle portait déjà dans son sein un enfant qui était le vrai fils de Dieu.

***Rfl** :* A condition et ce n'est malheureusement pas le cas, d'expliquer aux fidèles la nature même de Christ-Jésus et non d'enseigner qu'il est Dieu le Père le Tout Puissant, car cela voudrait dire qu'elle est une déesse, qu'elle serait la Mère Créatrice de toutes choses et de toutes vies puisqu'elle enfanta Dieu le Père.
En même temps l'église se contredit, car tantôt elle prétend que, Jésus est le fils de Dieu et tantôt il est Dieu le Père. Ex 20:3-5.

En revanche, étant Fils du Dieu Créateur, le 1er Né de toutes choses et de toutes vies et de condition divine, cela fait de Lui un Dieu, mais non pas Dieu le Père ! Jn 1:1-18.

Y 83 : Que signifie « l'immaculée Conception de Marie » ?

Y : L'église croit que la bienheureuse Vierge Marie à été, au premier instant de sa conception, par une grâce et une faveur singulières du Dieu Tout Puissant et en vue des mérites de Jésus Christ sauveur du genre humain, préservée intacte de toute souillure du péché originel.

Y : Très vite, dans l'histoire de l'église, les chrétiens ont professé l'Immaculée conception de marie. L'expression signifie que, depuis le début, Dieu a préservé la Vierge Marie du péché originel.

....

Rfl : Immaculé signifie : qui n'a pas la moindre tache ou qui est une blancheur absolue.

Marie fut choisie par Dieu entre toutes les femmes pour porter l'enfant divin, le Messie. En tant que femme, elle remplit son rôle de mère avec honneur comme le font toutes mères respectables et aimantes ni plus ni moins. Par la suite, elle donna à son époux, Joseph, des fils et des filles qu'elle éleva. Mt 13:54-56.

Elle n'a rien fait d'autre d'extraordinaire que l'on puisse lui attribuer.
Entre-autre, on ne sait pas plus sur le déroulement de sa vie après la crucifixion de son Fils.

Qui plus est, le péché originel, c'est le péché qui entache tous les êtres humains, en tant que descendants d'Adam et d'Ève.

Marie ne peut être dès sa conception immaculée et avoir été préservée du péché originel. Rm 5:12.

Y 85 : Pourquoi Marie est-elle également notre mère ?

Y : Marie est notre mère parce que le Christ, le Seigneur, nous l'a donnée pour mère. Femme, voici ton fils… Voici ta mère (Jn19,27). L'église a toujours considéré que ces paroles que, du haut de la croix, Jésus adresse à Marie et au disciple qu'il aimait, étaient la remise de l'église à Marie. Ainsi, nous pouvons l'invoquer et lui demander d'intercéder pour nous auprès de Dieu.

Rfl : Lorsque l'on lit attentivement Jn 19:25-27, en aucune façon Jésus remet entre les mains de Marie, l'Église, Il n'en fait même pas allusion car en d'autres circonstances Il dit aussi : Mc 3:31-35. En revanche, voilà ce qu'il révéla à Pierre en la présence des autres disciples : Mt 16:13-19.

Y 136 : Quel est le point de vue de l'église sur les autres religions ?

Y : L'église respecte tout ce qui est bon et vrai dans les autres religions.
Elle accorde de la valeur et milite en faveur de la liberté religieuse comme faisant partie des droits de l'hommes. Elle sait pourtant que Jésus Christ est le seul sauveur de toute l'humanité. Lui seul est le chemin, la vérité et la vie (Jn 14,6).

Y : Comme le judaïsme et le christianisme, l'islam est une religion monothéisme.
Les musulmans vénèrent le Dieu créateur et considèrent qu'Abraham est leur père dans la foi. L'église enseigne que tous les hommes qui, sans qu'il est faute de leur part, ne connaissent pas le Christ et l'église, mais qui cherchent Dieu sincèrement et suivent la voix de leur conscience, obtiennent le salut éternel.

….

Rfl : Ce n'est pas parce que, une religion est monothéisme et que l'on vénère le Vrai Dieu Créateur, qu'il est permis de croire et de faire tout et n'importe quoi au détriment de la Parole Divine.

Les musulmans croient en Jésus et les juifs le considèrent comme étant un imposteur, sont-ils dans la Volonté de Dieu ?

Que l'on croit ou non en Messie Jésus mais que l'on préfère suivre un autre enseignement que Celui qu'Enseigne la Bible, c'est faire acte d'apostasie envers le Vrai Culte au profit des apostats. Ex 20:3-6 ; 2R 17:24-41 ; Col 2:6-8, 18-23.

Y 146 : Que signifie « la communion des saints » ?

Y : Tous ceux et toutes celles qui ont mis leur espérance dans le Christ et lui appartiennent par le baptême, qu'ils soient vivants ou décédés, font partie de la « communion des saints ». Parce que nous ne sommes qu'un seul corps dans le Christ, nous vivons dans une communion qui englobe le ciel et la terre.

Y : Par-delà la mort, nous pouvons nous prêter assistance mutuellement. Nous pouvons invoquer le saint dont nous portons le nom ou nos saints préférer, mais aussi des proches qui sont décédés et dont nous croyons qu'ils sont déjà parvenus auprès de Dieu. Inversement, nous pouvons venir en aide à nos défunts qui sont encore dans le processus de purification en priant pour eux.

Rfl : Mensonge ! Jn 3:1-6, 13 ; Ac 2:1-11,14-18.

Il existe seulement un petit nombre d'humains, 144000 oints qui ont été racheté. Pour le reste de l'humanité qu'elle soit du passé ou du présent, il faudra attendre l'ultime jugement de Dieu. Jn 14:1-3 ; Ap 14:1-5.

Les morts se reposent mais ne souffrent pas, ne pensent pas, n'entendent pas et ne voient. Ils ne peuvent donc pas exaucer de prières. Ec 9:5-6.

Y 148 : Marie peut-elle vraiment nous aidée ?

Y : Oui. Que Marie puisse nous aider, l'église en a fait l'expérience depuis son origine. Des millions de chrétiens peuvent en témoigner. Nous pouvons être certains qu'elle intervient pour nous aux deux moments les plus importantes de notre vie : « Maintenant et à l'heurs de notre mort. »

Rfl : Non ! Ce n'est qu'une pure invention de l'église romaine qui ne souhaite en aucune façon que l'on mette en doute son infaillibilité dogmatisme. Mt 6:5-6 ; Jn 5:39-47 ; 14:6 ; 17:1-26 ; Ps 146:3-6.

....

Y 197 : **Pourquoi l'église tient-elle à baptiser les petits enfants ?**

Y : La pratique de baptiser les petits enfants est une tradition très ancienne de l'église. Il y a à cela une unique raison : avant que l'homme ne fasse le choix de Dieu, Dieu le choisit. Le baptême est par conséquent une grâce, un cadeau immérité venant de Dieu qui accueille sans conditions. Des parents croyants qui veulent le bien de leur enfant veulent donc qu'il reçoive le baptême. Le baptême délivre leurs enfants de l'influence du péché originel et de la puissance de la mort. C'est une injustice de différer le baptême d'un enfant. Et on ne peut imposer le baptême arbitrairement à personne.

Rfl *:* Une tradition très ancienne de l'église universelle, soit !
Mais non Celle du Corps du Christ, l'Église Chrétienne.
Car il n'existe aucun exemple dans la Bible, qu'un enfant, qui plus est, un nouveau-né, fut baptisé. Si l'église considère que l'*"on ne peut imposer le baptême arbitrairement à personne,"* c'est qu'elle ne considère pas le nouveau-né comme une personne à part entière mais malgré ce paradoxe elle profite mine de rien à bafouer l'opinion du jeune futur adulte, également son libre arbitre.

Il n'est pas évident pour un adulte de discerner le vrai du faux et de se protéger du mal. Ô combien alors, il serait difficile pour un nouveau né de pouvoir le faire !

Au travers l'ignorance des parents et cela depuis des siècles, c'est ainsi que l'église universelle a élargi son cheptel dans le baptême des nouveaux nés, et devient, la première église au monde au nombre de fidèles.

Le Baptême est une décision personnelle pour la personne consciente de la signification, elle seule fait le choix de se faire baptiser ou non.
Mc 1:9 ; Ac 2:36-41 ; 8:9-13, 26-39.

....

Y 204 : Que dit l'Ecriture Sainte sur le sacrement de la confirmation* ?

Y : Déjà dans l'Ancien Testament, le peuple de Dieu attendait l'effusion, la venue, de l'Esprit Saint sur le Messie. Jésus vécut durant toute sa vie dans un Esprit tout particulier d'amour et de communion parfaite avec son Père du ciel.
Cet Esprit de Jésus était « L'Esprit Saint », que le peuple d'Israël désirait ;
et ce fut ce même Esprit que Jésus promis à ses disciples, ce même Esprit que Jésus qui descendit sur les disciples cinquante jours après Pâques, le jour de la pentecôte.
Et c'est encore cet Esprit Saint de Jésus qui descend sur tous ceux qui reçoivent le sacrement de la confirmation.

Rfl *:* L'église universelle fait croire à ses ouailles qu'elle est remplit du même Esprit Saint et que lors du sacrement de la confirmation systématiquement le croyant recevra de cet Esprit Saint de Jésus. Il en est rien !

Car si tel était le cas, ils auraient en eux la Puissance de Dieu, autrement dit : la possibilité de guérir toutes maladies et infirmités, de donner la vie ou la mort sur tout être vivant, parleraient en langue et prophétiseraient comme cela fut le cas pour les disciples oints, apôtres de Jésus. Et surtout, ils n'interpréteraient pas la Parole de Dieu en la déformant pour leur propre compte. Dn 7:18 ; Mt 9:35-38 ; 10:1, 7-10 ; 23:13-36 ; Ac 2:14-18 ; 11:1-18.

* La **confirmation** est le **sacrement** consistant à oindre d'huile sainte une personne baptisée afin qu'elle reçoive le don du Saint-Esprit. Alors que, par le baptême, le baptisé meurt et ressuscite avec le Christ, le confirmé est empli du Saint-Esprit comme l'ont été les Apôtres le jour de la Pentecôte avec Marie.

Y 208 : Qu'est ce que l'eucharistie ?

Y : Après le baptême et la confirmation, l'eucharistie est le troisième sacrement de l'initiation chrétienne. L'eucharistie est le centre mystérieux de l'ensemble de ces sacrements, car le sacrifice historique de Jésus sur la croix est rendu présente de manière cachée et non sanglante pendant la consécration.
Ainsi l'eucharistie est « source et sommet de toute vie chrétienne. »
Tout est ordonnée à elle ; il n'y a pas de plus grand bien que nous puissions obtenir. Quand nous mangeons le pain rompu, nous nous unissons à l'amour du Christ qui a livré son corps pour nous sur le bois de la croix ; quand nous buvons à la coupe, nous nous unissons à celui qui, dans son sacrifice, est allé jusqu'à verser son sang pour nous. Nous n'avons pas inventé ce rite. Jésus lui même a célébré la dernière Cène avec ses disciples, anticipant ainsi sa mort. Il s'offrit à ses disciples sous les signes du pain et du vin et les exhorta à célébrer l'eucharistie à partir de ce moment-là et au-delà de sa mort. Faites ceci en mémoire de moi ! 1Co 11,24.

....

Rfl *:* Ok ! Mais alors pourquoi tenir compte seulement du verset 24 et non le texte en son entier 1Cor 11:17-34 ? Car à partir du verset 27, Paul précise un point important qu'il ne faut surtout pas négliger et ce que doit avoir comme réflexion un chrétien concernant, le Saint Corps du Messie Jésus. La Parole de Dieu Serait-Elle une quelconque chose pour l'Interpréter si légèrement ?

Y 358 : **Pourquoi l'Ancien Testament interdisait-il toutes représentations de Dieu, et pourquoi nous, les chrétiens, n'observons nous plus cette règle aujourd'hui ?**

Y : Pour protéger le mystère de Dieu, et se démarquer des images des cultes païens, le premier commandement déclarait : Tu ne te feras aucune image de Dieu (Ex 20,4).
Mais comme Dieu, en Jésus Christ, a pris un visage humain,
le christianisme a supprimé cette interdiction des images. Dans l'église orientale,
les icônes sont même considérées comme sacrées.

Y : Par son incarnation, Dieu n'est plus « non représentable » : depuis Jésus,
nous pouvons faire une image de ce qu'il est : Qui m'a vu, a vu le Père Jn 14,9.

Rfl *:* Ainsi, Christ-Jésus Était tel qu'Il Est imagé sur les images iconiques,
un homme à la peau blanche aux yeux clairs.

Une interprétation simplice de Jn 14:9 mais pourquoi pas !

Ce dont je suis sûr, c'est qu'il faut-être soit insensé ou ignorant pour aller à l'encontre des Commandements de Dieu et approuver ce que l'église orientale considère
de sacrer. Jc 2:10-12...

Car à la question de Philippe en Jn 14:8, à quel moment Jésus fait entendre,
fait comprendre qu'il faut passer outre ce commandement d'Ex 20:4 ?
Jn 14:11,15-17, 21.

....

Conclusion

Préface du livre Youka, page 10, le pape Benoît XVI, écrit :

Y : Vous devez savoir en quoi vous croyez. Vous devez connaître votre foi avec la même précision que celle d'un spécialiste en informatique qui connaît le système d'exploitation d'un ordinateur. Vous devez la comprendre comme un bon musicien comprend sa partition. Vous devez être encore plus enracinés dans votre foi que la génération de vos parents, pour affronter avec courage et détermination les défis et les tentations de notre époque.

***Rfl** :* Des paroles non suivies de faits Rm 2:17-24. En revanche, il appartient à chacun de juger de l'infaillibilité des églises dites chrétiennes et particulièrement celle de l'église de Rome de la manière qu'elles étudient et interprètent la Pensée de Dieu.

Je fais simplement savoir, ce qui est étranger à la Bible ne vient pas de Dieu mais à dessein une fable, une ombre qui cache une machination. Jr 23:1-4 ; Mt 24:35 ; Hé 4:12-13 ; Jn 12:44-50. Rm 1:28-32.

....

La Dime

10% donné ou payé, le dixième de biens offert à Dieu ou à son représentant.
La Bible rapporte deux cas : Gn 14:18-20 ; 28:20-22.

L'obligation de prélever la dime cesserait lorsque l'alliance de la loi mosaïque viendrait à son terme après avoir été accomplie à la mort du Christ-Jésus.
Ép 2:13-22 ; Col 2:13-14.

Il est vrai que les prêtres lévitiques continuèrent à servir au temple et à prélever la dime de Jérusalem en 70 de notre ère, mais à partir de 33 de notre ère,
les chrétiens étaient devenus membres d'une prêtrise nouvelle et spirituelle qui n'était entretenue par une dime. Rm 6:14 ; Hé 7:12 ; 1P2:9-10.

En Hé 7:4-10, Paul montre que la prêtrise du Christ à la manière de Melkisédec est supérieure à celle de Lévi qui paya les dimes à Melkisédec.

Mais rien dans la Bible n'indique qu'Abraham ou Jacob aient ordonné à leurs descendants de suivre leur exemple.

Les disciples de Christ étaient encouragés à apporter leur soutien au ministère chrétien tant en participant eux-mêmes qu'en contribuant matériellement.

Au lieu de donner une somme précise fixée, afin de couvrir les dépenses,
le principe était d'apporter selon ce quelqu'un à et non pas par regret ou par contrainte.
Ac 18:12-17 ; 2Cor 8:1-15 ; 9:7 ; 1Tm 5:17-18 ; 2Th 3:7-9.

Suis-je en contradiction avec Paul lorsque qu'il dit en : 1Cor 16:1-2 ?

....

Réflexion

En vérité je vous le dis, ces bergers déguisés en brebis ne sont rien d'autre que des manipulateurs, des loups qui conduisent avec astuce des milliers et des milliers d'ouailles dans l'égarement falsifiant en interprétant sans le moindre état d'âme la Parole Divine de Dieu.

Ces rassemblements de ces différents cultes dits chrétiens parfaitement huilés et réglés comme du papier à musique sont à la ressemblance des one man show, des meetings politiques où rien n'est laissé au hasard pour leurrer un public sincère et cruellement crédule de par son ignorance.

Ces rassemblements n'ont comme seul but, se remplir les poches et accroître leur église respective. Ces pasteurs oiseleurs font le spectacle avec le même talent que sont les comiques et les professionnels du monde politique.

Plus ils leurreront de fans, de partisans, de croyants et mieux cela sera pour eux.

Ô combien ils doivent en coulisse rire de cette ignorance, de cette stupidité grandissante et se frotter les mains. Car, sans l'ombre d'un doute il s'agit bel et bien d'une escroquerie en pleine lumière, une arnaque parfaitement orchestrée, un bizness bien juteux pour les fils du père du mensonge que sont ces marchands du temple. Mt 10:6-10 ; 15:4-9.

Il faut-être né bêtise, pire encore, malfaisant, sans la moindre conscience, pour travestir la Parole de Dieu comme si de rien n'était. Mt 7:21-23 ; 23:1-7…
La ressemblance est flagrante et ainsi s'accomplit la prophétie d'Isaïe : Mt 13:13-15.

Ainsi depuis des siècles, les prêtres catholiques, pasteurs protestants et autres dans leur église respective leurrent insidieusement les fidèles en interprétant leurs actes comme venant de Dieu. Jr 12:7,10.

Les fidèles quant à eux, incroyablement crédules, suivent aveuglément ces dits envoyés de Dieu parce qu'il est dit en : Mt 23:3 : «*faites donc et observez tout ce qu'ils pourront vous dire…*» Un bon prétexte pour ne pas voir et entendre leur réelle hypocrisie.

….

L'Aumônerie militaire

« *Sur les théâtres d'opérations, nous sommes souvent sollicités par presque tout le personnel sur de nombreux points, pas toujours d'ordre spirituel (…) les aumôniers aident les militaires à mettre des mots sur leurs maux. Ni Psychologue, ni assistante sociale, ni père ou mère, ils sont un peu tout cela à la fois* », explique le pasteur Bernard Delannoy, aumônier en chef du culte protestant,

Pour mieux comprendre le rôle et les missions de ces aumôniers militaires, Guy Tessier, président de la commission de la défense nationale et des forces armées de l'Assemblée Nationale, a organisé le 30 mars 2011 une audition des aumôniers en chef des cultes israélite, catholique, protestant et musulman.

« *Cette rencontre inédite pour notre commission a pour objet de faire le point sur la place des cultes dans le milieu militaire, notamment en opérations* », a déclaré Guy Tessier.

Les aumôniers ont rappelé l'importance de leur mission aux côtés de tous les personnels de la défense et de leur famille, notamment dans le cadre des opérations extérieures. « *Ce que se demandent nos soldats en opérations extérieures, c'est : « pourquoi sommes-nous là ? ». S'ils sont prêts à se battre pour des causes, la définition du cadre de leur intervention est parfois tellement floue qu'ils ne connaissent pas les raisons de leur présence. Bien souvent, les aumôniers doivent la leur rappeler. Ainsi, ce n'est pas pour que les femmes puissent vivre sans voile que les forces françaises sont présentes en Afghanistan, mais pour des raisons plus profondes, auxquelles nous pouvons parfois apporter des éléments de réponse* », a ainsi expliqué aux députés le pasteur Bernard Delannoy.

Les aumôniers ont témoigné du rôle de la foi dans la compréhension des missions qui sont confiées aux militaires et précisé le soutien religieux qu'ils apportent, mais aussi de conseil au commandement qu'ils peuvent prodiguer en opérations extérieures. « *L'aumônier a un double rôle* », a précisé Abdelkader Arbi, aumônier en chef du culte musulman, « *un rôle de soutien religieux et spirituel du militaire et un rôle de conseil au commandement. Par sa connaissance des populations, de leur culture et de leur religion, il peut apporter au commandement un éclairage spécifique* ».

Des aumôniers militaires musulmans sont présents au Tchad, au Liban, en Afghanistan ou encore à Djibouti. « *Très souvent, au retour de mission, le commandement se félicite de l'apport de l'aumônier militaire musulman* », a ajouté M. Abdelkader Arbi.

….

Les aumôniers ont également souligné l'organisation des cultes au sein des armées comme un exemple de laïcité comprise et respectée.
« *Ma logique n'est pas de savoir ce que l'armée va faire pour moi mais ce que je peux faire pour les forces* », a ainsi exprimé le grand rabbin Haïm Korsia, aumônier en chef du culte israélite, relayant la pensée de tous les représentants religieux qui aspirent à ce que les religions agissent pour l'État en termes de lien social ou de solidarité.

« *Mon expérience de la société civile m'amène à considérer aujourd'hui que dans les armées s'élabore une laïcité sans exclusion et extrêmememt pragmatique* », a affirmé de son côté Mgr Luc Ravel, évêque aux armées, aumônier en chef du culte catholique.

Le président Guy Teissier s'est réjoui de constater que l'organisation des cultes au sein des armées était un cas d'école de la laïcité à la française.

Sources : Ministère des Armées

Ok ! Ce n'est pas tant les aumôneries militaires des cultes païens qui posent problème, mais plutôt celles qui se disent chrétiennes (catholiques, protestantes) dans les corps d'armée.

Le pragmatisme chrétien, est de veiller à l'Obéissance à l'Enseignement du Christ, et donc, à Pratiquer la Volonté de Dieu.

Quelle autre œuvre et message spirituel évangélique qu'un chrétien soldat peut apporter dans un corps militaire formé à tuer, au risque en même temps de perdre la vie en opération ?

Plus précisément, quelles sont les enseignements évangéliques qu'apportent les aumôniers qui réconfortent le militaire chrétien à faire ce dont pourquoi il est militaire, au risque de se faire tuer ou à ôter la vie d'un dit ennemi, qui plus est chrétien, à qui son aumônier lui a conféré, les mêmes explications d'encouragements avant d'être tué ?

Dans l'Ancien Testament, nombreux écrits montrent que Dieu a ordonné aux Israélites de faire la guerre contre d'autres nations, des nations païennes qui souhaitaient vouer à la destruction d'Israël et corrompent le peuple de Dieu.

Mais depuis la Nouvelle Alliance qui abolie l'Ancienne, le chrétien n'est plus tenu d'aller faire la guerre au nom d'une quelconque autorité et pour une quelconque cause.
Les Écrits bibliques le prouve : Ex 20:13 ; Mt 5:38-45 ; 7:12 ; Lc 6:27-36 ; Rm 12:17-19 et etc…

….

L'armure de Dieu que Paul décrit en Ép 6:10-20 que doit revêtir le chrétien, n'est certes pas l'armure guerrière pour guerroyer et verser le sang d'un quelconque ennemi, elle est simplement d'ordre spirituelle qui résiste et le protège au quotidien de la méchanceté et aux tentations impures du monde impie dans lequel il évolue. N'étant pas du monde tout en l'étant, le chrétien reste inébranlable dans sa foi en Dieu puisse qu'il est armé dans la Parole du Christ Jésus.
Jn 15:18-19… ; 17:14-17… ; 1Jn 2:15-17

Il est encore dit en « Rm 13:1-2 ».
La soumission aux autorités pour un chrétien ne s'applique pas à n'importe quel prix, surtout d'un roi fou et encore moins à l'encontre de la Volonté de Dieu.
La Soumission aux pouvoirs civils, c'est simplement l'obéissance aux règles de la vie quotidienne en charge du bien-être et du respect de chaque individu et cela quel qu'il soit. La Foi en Dieu c'est à la fois respecter la Loi Divine, également à celle des autorités du pays pour lequel il est natif.
Rm 3:19,31 ; 13:3-10. Col 3:1-2 ; Mt 6:33 ; Ph 4:4-9.

….

Babylone la Prostituée

C'est d'elle qu'il nous faut nous éloigner !

L'empire mondial des fausses religions, qui englobe toutes les religions dont les enseignements et les pratiques ne sont pas en harmonie avec le culte pur de Yahwé, Seul Vrai Dieu.

Babylone dont l'origine était Babel. Gn 10:8-10; 11:1-9. Celle-ci fut prise par les Perses sous les ordres de Cyrus le Grand en 539 av. J.C.

Par la suite, Alexandre le Grand projeta d'en faire la capitale de son empire oriental, mais après sa mort elle perdit de son importance.

Une inscription ancienne rédigée en caractères cunéiformes rapporte qu'il y avait à Babylone :

- 53 temples consacrés aux grands dieux,
- 55 chapelles de Marduk,
- 300 chapelles pour les divinités de la terre,
- 600 pour celles du ciel,
- 180 autels pour la déesse Ishtar,
- 180 pour les dieux Nergal et Adad et 12 pour d'autres divinités.

La civilisation sumérienne (Sumer faisait partie de la Babylone) était sous la coupe des prêtres.

A la tête de l'état se trouvait le luyal (grand homme) ou représentant des dieux.

D'après la description qui nous est faite, elle entretenait des relations avec les chefs politiques et marchands qui accumulaient des richesses. Elle-même constituait un troisième élément qui se révélait être un repère de démons et persécutait les prophètes et les Saints. Ap 18:2-8, 11-19, 24.

Dans le symbolisme de l'Apocalypse, Babylone la Grande est représentée non seulement à un système religieux dépravé et démoniaque mais également sous les traits d'une femme qui domine sur les rois de la terre. Ap 17:18.

....

Les Ennemis de Dieu

Dès le 2e siècle, l'église romain dénaturait à dessein la Parole Sacrée de Dieu, ce qui bien des siècles après donna naissance à une multitude d'églises dites chrétiennes.

Cette apostasie s'est développée au cours de plusieurs siècles pour atteindre son paroxysme au IVe siècle, sous le règne de l'empereur romain Constantin.

Sous le règne de Constantin, l'opposition de l'empire au christianisme prit fin et fut remplacée par des faveurs. L'impérial pontifex maximus, titre de Constantin en tant qu'empereur de Rome, devint le patron de celle qui, prétendant être l'église de Christ, était, en réalité, l'église du monde temporel et non celui du monde spirituel.

L'empereur l'ayant pris par la main, l'aida à conquérir la popularité, le prestige et la haute situation qui lui permit plus tard, lorsque le pouvoir impérial fut affaibli, d'élever ses propres représentants sur le trône religieux du monde, à la place de l'empereur, avec le titre de souverain suprême de la religion ou de pontifex maximus, titre que portent maintenant les papes.

Tel était la réalité, une fois que les Apôtres morts, le commencement de l'église catholique romaine, quoiqu'un grand nombre de ses pratiques actuelles aient été introduites bien plus tard encore.

Voilà l'apostasie dont l'apôtre Paul a parlé en disant qu'elle devait se développer et prospérer avant la seconde venue du Christ. Et il a souligné que l'une des raisons du retour du Christ serait de démasquer cette apostasie et de l'anéantir.

Paul était d'avis que le jour du Seigneur pouvait venir sans être signalé par des démonstrations extérieures et au milieu de l'ignorance générale.

Mais par la force de l'Esprit Saint, les apôtres étaient en mesure d'empêcher que la congrégation soit contaminée par l'apostasie. Mt 28:16-20 ; 2Th 2:1-4.

C'est ainsi que par la comparaison du "Blé et de l'Ivraie* ", Jésus a indiqué que lors de son retour Il rassemblerait de nouveau les fidèles qui seraient alors en vie pour en faire des Serviteurs de Yahvé comme Lui. Mt 13:24-30, 36-43.

*Ivraie : graminée à graines toxiques, commune dans les prés et les cultures, où elle gène la croissance des céréales. Séparer le bon grain de l'ivraie.

....

Le Vrai Culte

Le Libre Arbitre, c'est la conscience de l'homme dans le choix de croire ou de ne pas croire, de choisir entre qui ou quoi il doit s'inspirer, à qui ou à quoi il doit la vie, si il doit ou non croire à l'existence à une entité divine.

La Bible Chrétienne Est indiscutablement, Le Livre de la Connaissance qui mène à la Véridique Vérité, parce qu'Elle Est, d'Inspiration Divine. 2Tm 3:16-17 ; Jn 17:3-21.

Issue d'une imagination hors du commun, la Bible ne peut être une œuvre d'inspiration humaine ou d'un quelconque groupe d'éminents penseurs savants du passé comme du présent.

Autrement dit, Il n'existe aucun livre qui puisse égaler la Bible.

Vu la multitude de croyances religieuses qui ont cours dans le monde, puis le désenchantement des églises dites chrétiennes, nombreux sont irrités par cette affirmation, et certifient, que quiconque affirme détenir le monopole de la vérité, est étroit d'esprit et arrogant.

Peu avant d'être crucifié, Jésus Christ face au gouverneur romain Ponce Pilate qui l'interrogeait : Jn 18:33-40.

Et maintenant ces trois déclarations : Jn 4:23-24 ; 8:31-58 ; 14:4-6.

Puisque Jésus a parlé avec une telle assurance du fait que la Vérité existe et qu'on peut la connaître.

Ne devrions-nous pas au moins prendre le temps, tant qu'il est temps, d'examiner la possibilité qu'il existe une vérité ?

Lisons les préceptes d'un père aimant : Pv 6:20-35.

Maintenant l'appel de l'apôtre Paul aux païens : 1Cor 6:9-20.

De telles pratiquent sont des fruits amers qui font connaître une conscience troublée, un divorce et des blessures affectives profondes pour les personnes concernées.

L'ivrognerie, non pas l'alcool comme certaines religions veulent le faire croire est également condamné par Dieu. Pv 23:19-23, 29-35 ; Ép 5:18.

La véracité de ces lois dépend t-elle des croyances ou des perceptions individuelles ?

Intéressons nous des commandements positifs de la Bible, comme : Mt 7:12 ; Ép 5:33 ; 6:1-9.

....

Dirions-nous que ces conseils moraux sont bons pour les uns non pour les autres ?

Se conformer ou non aux lois morales de la Bible entraîne systématiquement des conséquences bonnes ou mauvaises. C'est un choix, le libre arbitre de chaque individu de s'y conformer ou pas. Pv 26:11.

Jésus enseigne : Jn 17:17. Il a également fait savoir que les faux cultes ne sont pas approuvés par Dieu.

Il a parlé de faux prophètes et les a comparés à : Mt 7:15-23, et aux chefs religieux apostats de son époque : Mc 7:1-7.

L'Apôtre Paul a écrit sous inspiration divine : 1Cor 1:10-13 ; Ph 2:1-5.
Quand une telle unité existe, il y a un seul culte. Ép 4:1-6.

Dès les débuts de l'humanité, Dieu a utilisé les patriarches, les chefs de famille, pour le représenter : Noé, Abram (Abraham), Isaac et Jacob. Gn 8:15-20 ; 12:1-3 ; 26:1-4 ; 28:10-15.

Et par l'intermédiaire de Moïse, leurs descendants sont devenus la Nation antique d'Israël, la nation de Dieu Yahvé. Ex 19:1-16 ; 20:1-21.

Dieu n'approuvait pas les cultes des nations d'alentour. Il punissait même son peuple lorsque celui-ci a dévié de ses lois en adoptant leurs pratiques. Lv 18:21-30 ; Dt 18:9-12.

Si des personnes d'autres nations voulaient adorer le vrai Dieu, elles devaient avant tout abandonner leur faux culte, puis s'unir à Israël, la nation spirituelle de Dieu.

Salomon roi d'Israël, a prononcé une prière fervente en faveur de tous ceux qui se joindraient au peuple de Dieu pour le vrai culte. 2Ch 6:32-33.

Dieu communique ses messages de telle sorte que ceux qui cherchent sincèrement les reconnaissent. Ps 15:1-5.

Voyons par exemple son message transmis par le prophète Jérémie il y a plusieurs siècles. Délivré au peuple rebelle de Dieu, il avait pour objet la destruction imminente de Jérusalem par les Babyloniens. Jr 25:5-11 ; 52:12-14.

Cependant, à la même époque, d'autres prophètes prétendaient parler de la part de Dieu. Hanania a prédit la paix pour Jérusalem. Jr 23:15-18 ; 28:1-17.

....

Qui fallait-il croire, Jérémie prophète de Dieu ou ses contradicteurs ?

Bien que les conséquences de la désobéissance aient été prédites longtemps à l'avance, les prophéties de Jérémie sur Jérusalem se sont réalisées.

Le monde d'aujourd'hui aurait-il compris qu'il s'agissait d'un message de Dieu ? Non !

Car si Jésus se manifesterait de nos jours comme au milieu du peuple d'Israël en son temps, qu'il l'enseignerait et qu'il opérerait des miracles, il serait considéré, ni plus ni moins comme il a été considéré. Jn 10:22-39.

Les disciples de Christ au 1er siècle ont suscité une réaction semblable. Ac 7:55-60 ; 8:1-8 ; 9:32-42 (Mt 10:22).

La Vérité divine est reconnaissable et éveille un écho particulier, singulier chez les personnes qui ont une envie profonde d'éprouver une béatitude dans un monde parfait, l'Amour Éternel du Tout Puissant Père Créateur. Mt 5:1-12 ; Jn 10:1-18.

Au 1er siècle, les habitants de Bérée ont été félicités par l'Apôtre Paul pour leur réaction à son enseignement. Ils n'avaient pas tout de suite accepté les paroles de Paul comme la Vérité, néanmoins, ils avaient écouté avec respect.

Beaucoup parmi eux donc devinrent croyants. De plus, ceux, tant de Bérée que de Thessalonique, qui ont mené ces recherches diligentes ont eu foi en la Parole. Ils ont identifié le vrai culte. Ac 17:1-4,10-12.

Considérons les pratiques et les enseignements des chrétiens du 1er siècle :
Ils se laissaient guider par la Parole de Dieu. 2Tm 3:16-17 ; 2P 1:20-21.

Ils enseignaient que Jésus est le Fils de Dieu, distinct de Dieu et subordonné à Lui. 1Cor 11:3 ; 1P 1:3-5.

Ils enseignaient que les morts reviendront à la vie au moyen d'une résurrection. Ac 24:14-16.

Ils étaient connus pour l'Amour qui prédominait parmi eux. Jn 13:34-35.

Ils ne pratiquaient pas un culte individuel, ils étaient organisés en congrégations et unis sous la direction de surveillants et d'anciens qui voyaient en Jésus leur chef. Ac 14:21-23 ; 15:1-31; Ép1:17-23 ; 1Tm 3:8-13.

Ils prêchaient avec zèle le Royaume de Dieu comme le seul espoir de l'humanité. Mt 24:14 ; 28:18-20 ; Ac 1:8.

Une route peut prendre mille directions, la Vérité n'en connaît qu'une.

....

Images et Objets Idolâtriques

La Bible enseigne qu'il ne faut pas utiliser d'images, d'objets et les idolâtrés.
Il est écrit : Ex 20:3-5 ; Ps115:4-8 ; Is 42:8 ; 1Jn 5:21; Dt 27:15.

Nombreux sont ceux qui pensent que les morts sont conscients dans un monde invisible et sont capables de venir en aide des vivants ou de leur nuire.
Alors qu'en réalité, tout message provient des démons.

C'est pour cette raison Yahvé Dieu a interdit aux israélites de parler aux morts ou de toucher toute forme de spiritisme. Il est écrit : Dt 18:10-12.

Qui à part Jésus Christ, est monté au ciel ? Il est écrit : Ac 13:33-37 ; Jn 3:13.

La plupart des religions entre autre l'église catholique ne respectent pas la volonté de Dieu et entraînent des milliers de personnes crédules et innocentes à prier les morts, à l'exemple de Marie, mère de Jésus, de Ste Thérèse, de St Josèph, de St Thomas.
Enfin bref, la liste des saints est longue ! Il est écrit : Mt 3:8-9.

Alors comme nous l'avons précédemment vu, les morts ne souffrent pas, n'entendent pas, ne voient pas. Par conséquent, ils ne peuvent exaucer une quelconque prière et venir en aide. Il est écrit : Ec 9:5-6 ; Mt 6:5-13 ; Jn 14:6.

Si nous mourrons, c'est parce que nous avons hérité du péché du premier couple humain. Rm 5:12. Ils ne peuvent être ramenés à la vie que par la Volonté du Créateur. Jn 5:28-29 ; 11:38-44 ; Jb 14:13-15.

....

Journée Mondiale des Pauvres

Le pape François à fixer au 33e dimanche une journée mondiale des pauvres.
« *Je souhaite que les communautés chrétiennes, (…) œuvrent pour créer de nombreux moments de rencontre et d'amitié, de solidarité et d'aide concrète* »,
écrit le pape dans le message à cette occasion et où il espère que
« *s'instaure une tradition* » pour ainsi mieux toucher « *de la main la chair du Christ* »

Ok ! Mais l'anniversaire de la naissance du Christ, n'est-ce pas le jour le plus approprié de rencontre et d'amitié, de solidarité et d'aide concrète qu'ont les communautés chrétiennes du monde entier pour une charité constructive ?

Une formidable occasion pour les chrétiens (nes) à réfléchir sur la manière dont la pauvreté est au cœur de l'Évangile, à se rappeler que pour les disciples du Christ, la pauvreté est avant tout une vocation, donc une invitation à suivre et à faire comme le Messie ?

La célébration de Noël à depuis, pour les chrétiens (nes) l'occasion de se réunir en famille et de s'offrir mutuellement des présents comme s'il s'agissait de fêter l'anniversaire d'un des leurs et le leur.

Qui y a t-il de si différent et d'extraordinaire dans votre manière de célébrer la date d'anniversaire de la naissance du Messie, qu'ont les païens de fêter Noël ?

Et si toute cette énergie à la préparation de Noël, ainsi, que représente le coût financier pour chacune des familles chrétiennes serait principalement destiné à qui de droit et non comme ça toujours été le cas de manière égoïste depuis.
La Célébration de la Naissance de Jésus ainsi que sa Parole aurait un sens véritable, un Présent qui ne serait égal à aucun autre, une Bénédiction pour les donateurs (trices) et les bénéficiaires, une fête de communion et de célébration comme notre Seigneur Jésus, Fils de Dieu aurait aimé nous voir faire depuis.
Lc 16:19-31 ; Mt 25:31-46 ; Ac 20:35.

....

Le Judaïsme

Il y a près de 4000 ans, Abram émigra d'Ur des Chaldéens, une métropole prospère de Sumer pour s'installer au pays de Canaan. Gn 11:31; 12:1-7.

Dieu choisit Abraham comme serviteur spécial en raison de sa fidélité,
il lui fit ensuite un serment solennel. Gn 12:1-3 ; 22:1-18.
A partir de lui, les Juifs ont dressé une généalogie qui commence avec son fils Isaac et son petit fils Jacob, dont le nom fut changé en celui d'Israël. Gn 25:19-26 ; 32:27-31.

Ce serment fut transmis aux fils d'Abraham jusqu'à la lignée de David.
Gn 26:2-4 ; 28:13-17.

Israël eut 12 fils, qui fondèrent 12 tribus. L'une d'elles était Juda.

En 70 de notre ère, les Romains rasèrent Jérusalem et aucun Juif ne peut aujourd'hui déterminer avec exactitude de quelle tribu il descend.

Pour réaliser les promesses qu'il avait faites à Abraham, Dieu posa le fondement d'une nation en contractant une alliance spéciale avec les descendants du patriarche.
Il institua cette alliance par l'intermédiaire de Moïse, le grand conducteur des Hébreux.
C'est lui que l'Éternel fit sortir pour conduire son peuple vers la liberté, à Canaan,
la terre promise. Dt 6:23-25 ; 34:10-12.

....

L'Apostasie du Peuple Juif

La loi qu'Israël accepta se composait des Dix Commandements et de 600 lois qui sont des directives et d'instructions réglant la conduite quotidienne.
Ex 19:1-8 ; 20:1-17 ; Lv 1:1 aux chapitres 27:1-34.

Une prêtrise fut mise en place dans la lignée d'Aaron le frère de Moïse, alors que la nation d'Israël était en route vers la terre promise. Nb1:48-54 ; 3:1-13.

David, de la tribu de Juda, monta sur le trône.1Sm 8:19-20 ; 2Sm 2:1-4.

Après la mort de David, son fils Salomon bâtit à Jérusalem le temple de Dieu qui remplaça le tabernacle.

Les grandes figures parmi ces prophètes furent Esaïe, Jérémie et Ézéchiel, qui tous trois avertirent la nation que Dieu était sur le point de la punir pour son culte idolâtrique. (Is 57:1-13 ; Ez 8:1-18 ;

Le châtiment tomba en 607 avant notre ère, à cause de l'apostasie d'Israël, la nation. Yahwé permit à Babylone, alors puissance mondiale, de renverser Jérusalem et son temple. Exil de 70 ans et qui dura une bonne partie du VIe siècle avant notre ère. 2Ch 36:1-21 ; Jr 25:11-13 ; Dn 9:2.

....

Hellénisation

En 539, Cyrus le perse vainquit Babylone, après quoi il permit aux Juifs de retourner dans leur pays et de rebâtir le temple de Jérusalem.
Plus tard, les juifs subirent l'empreinte de la culture Perse.

En 332 avant notre ère, le général grec Alexandre le Grand se rendit maître du Moyen Orient. Les Juifs l'accueillirent à bras ouverts.

Les successeurs d'Alexandre le Grand poursuivirent de son projet d'hellénisation en imprégnant systématiquement l'Empire de la langue, de la culture grecque et juive. C'est ainsi, que les Juifs se mirent à parler grec au lieu de l'hébreu.

Vers le début du 3e siècle avant notre ère fut entreprise, la 1ère traduction en grec des Écritures hébraïques, appelée la Septante.

Au 1er siècle de notre ère, sous la domination des Romains, tous avaient des opinions religieuses et philosophiques divergentes.

On appelait les chefs juifs Rabbins ou Rabbis en raison de leur connaissance de la loi et ils devinrent des chefs spirituels.

Les divisions internes et externes se perpétuaient dans le judaïsme et une rébellion éclata contre Rome, si bien, qu'en 70 de notre ère, l'armée romaine assiégea Jérusalem, ravagea la ville, brûla son temple jusqu'à ses fondations et dispersa ses habitants

La loi orale dont les Pharisiens s'étaient fait les défenseurs, devint le centre d'un nouveau judaïsme : le judaïsme rabbinique. Les rabbins couchèrent la loi orale par écrit, l'ensemble devint connu sous le nom de Talmud ou Tanak.

Le Talmud est le résumé écrit de la Loi, augmenté d'explications et de commentaires postérieurs, il fut compilé par des rabbins à partir du II ème siècle de notre ère jusqu'au moyen âge.

....

Les Croyances Juives

Jb 14:1-14.

L'homme possède une âme immortelle qui survit à la mort

Les deux croyances à la résurrection et à l'immortalité de l'âme sont contradictoires.

L'une se rapporte à une résurrection collective à la fin des jours, autrement dit, les morts qui dorment dans la terre se lèveront de la tombe, tandis que l'autre se rapporte à la condition de l'âme après la mort du corps.

On affirma, qu'à la mort d'un individu son âme continuait de vivre dans un autre monde, alors que son corps demeurait dans la tombe en attendant la résurrection physique de tous les morts sur la terre. Ps 146:4 ; Ec 9:1-10 ; Is 26:19-21 ; Dn 12:1-2 ; Ez 18:4,20.

Le judaïsme réformé, est allé jusqu'à rejeter la croyance à la résurrection en allant retirer ce mot des livres des prières de la réforme pour ne reconnaître que la croyance de l'immortalité de l'âme.

Le Nom du Très Haut, ils se défendent de le prononcer

Les juifs disent que le Nom de Dieu est trop sacré pour être prononcé.
Et pourtant, il y a quelque 3500 ans, Dieu dit à Moïse :
Ex 3:13-15 ; Ps 135:13-14 ; Mt 6:9.

Le Nom du divin apparaît 6828 fois dans la Bible hébraïque.

A propos de l'ancienne injonction rabbinique défendant de prononcer le Nom du divin. L'encyclopédie Judaïque dit que si l'on évite de prononcer le Nom divin, YHWH, c'est à cause d'une mauvaise compréhension du 3e commandement. Ex 20:7 (Dt 5:11).

Le livre le Talmud est une interprétation humaine du livre de la Tôrah (Loi) des Écritures Sacrées de l'Ancien Testament et non plus, la Pensée de Dieu. 2Cor 4:3-4 ; Ps 146:3 ; Jr 10:23.

Voilà ce qui explique jusqu'à nos jours la raison que le peuple d'Israël n'est plus la nation élue de Dieu. Ils n'ont pas changé d'un iota. 2R17:7-41 ; 22:1-2 ; 23:24-27…

Exodus

L'Origine de Muhammad
selon
la Bible de Jérusalem

Yishmaël, Fils d'Agar la servante de Sara et fils d'Abraham.

Il vint au monde, alors que son père, avait 86 ans. Gn 16:15-16.

14 ans plus tard naissait Isaac fils de Sara. Gn 17:19-21,24-27.

A 89 ans, il enterra son père Abraham en compagnie de son demi frère Isaac. Gn 25:7-10. Archer nomade, du désert de Parân. Gn 21:20-21.

Il campa devant la face de tous ces frères et forma les douze tribus. Gn 17:20 ; 25:12-16.

Il mourut à l'âge de 137 ans. Gn 25:17-18.

Les deux alliances : Agar et Sara. Ga 4:21-31.

Islâm signifie « Soumission, » « Abandon » à Allâh ou « Engagement » envers Lui. Musulman « Celui qui suit l'islâm. » Le Coran (Qur'ân), « Récitation. »

....

L'Appel de Muhammad

Muhammad naquit vers 570 à La Mecque en Arabie Saoudite.
Fils d'Abd Allâh. Son père mourut avant sa naissance et d'Amina sa mère, mourut alors qu'il avait six ans, de la tribu des Qurayshites. Père de Fatima.

A l'origine, la vallée de La Mecque était par excellence un lieu de culte où étaient vénérés et célébrés environ 360 dieux dans un temple en forme cubique « la Ka'ba », construite au commencement par Adam suivant un modèle céleste et rebâtie par Abraham et Ismaël.

La tradition musulmane rapporte que Muhammad avait l'habitude d'aller méditer dans une caverne d'une montagne proche, appelée Ghâr hirâ et il affirma y avoir reçu son appel à devenir prophète.

Qu'à cet endroit un ange, identifié à Gabriel, lui ordonna de réciter au Nom d'Allâh.

Ne sachant pas lire, Muhammad ne répondit pas. L'ange répéta de nouveau son ordre, et de nouveau, Muhammad ne broncha pas. Alors l'ange le pressa contre lui et répéta l'opération à trois reprises avant que Muhammad ne se mette à réciter ce qu'on allait tenir pour la première d'une série de révélations qui constituent, le Qur'ân.

Une autre tradition raconte que l'inspiration divine parvint à Muhammad comme par le tintement d'une cloche.

Il dut apprendre les révélations par cœur pour être en mesure de les répéter et recevoir tout le message du Qur'ân.

On pense ordinairement que les révélations lui parvinrent sur une période de 20 à 23 ans, d'environ 610 de notre ère jusqu'à sa mort en 632.

....

La Profession de Foi

Chahada :

La profession de foi doit de préférence être exprimée en arabe, elle se résume en une phrase : " Je témoigne qu'il n'y a de (vraie) divinité que Dieu et que Mohamed est son messager ".

Les Prières :

Allah le Très Haut prescrit d'abord 50 prières par jour au cours de l'ascension de notre prophète. Et puis celui-ci sollicita de manière répétée la réduction du nombre et finit par obtenir 5 prières quotidiennes.

La Zakat :

Le terme " Zakât", souvent traduit en français par "aumône légale", signifie littéralement "purification". Il désigne l'aumône obligatoire que chaque musulman verse en vertu des règles de solidarité au sein de la communauté musulmane.

L'instauration du jeûne du Ramadan :

Pendant un mois lunaire, de l'aube au coucher du soleil, le musulman doit s'abstenir de manger et de boire. A chaque instant pendant le jeûne, il réprime ses passions et ses désirs. C'est un moyen pour le musulman de se purifier et de gagner le pardon de Dieu. Ce jeûne a lieu tous les ans pendant le neuvième mois de l'année lunaire.

Le Pèlerinage :

C'est le seul vrai pèlerinage de l'Islam, bien qu'il y ait des pèlerinages locaux, dans tout le monde musulman. Il a lieu environ, quarante jours après le Ramadan.

....

Raisonnons !

Dans la profession de foi Chahada, Muhammad demeure l'idéal même de la vie spirituelle.

Nous verrons plus loin la place que Jésus peut avoir aux yeux des Musulmans.

Le Coran est un livre de 114 chapitres, que les fidèles (musulmans) doivent apprendre par coeur et de préférence dès l'enfance.

N'est-ce pas le meilleur moyen d'endoctriner et d'amadouer des personnes crédules et innocentes ? Aussi, n'est-ce pas là, une façon efficace, rapide et maligne pour qu'une religion d'apostats prenne son essor ?

La Bible chrétienne, compte plus de 2000 pages et bien plus encore de chapitres puis de versets, qu'il faut analyser, comprendre, méditer avant même de raisonner.
Sa rédaction commença en 1513 avant Jésus Christ et elle fut terminée en 98 de notre ère, rédigée par environ 40 scribes (écrivains), de classes sociales et d'époques différentes. Elle raconte plus de 16 siècles d'histoires humaines.

Comment peut-on comparer une oeuvre littéraire d'inspiration divine à un livre venant d'un homme simple d'esprit ?

Il n'est pas nécessaire de faire de grandes études pour se rendre compte que l'un des deux livres est une pâle imitation à dessein trompeur.

Si l'on se réfère seulement à la profession de foi, Chahada et à la Sourat 4:171 du livre du Coran, il ne fait aucun doute qu'il y a là, une contradiction majeure et perfide.

....

La Révélation

Le prophète Muhammad Hamdullah aurait rédigé dans un état de subconscient ou de l'inconscient, le Coran, durant 20 à 23 années.

Il révèle les bases d'une nouvelle société, définit les obligations divines, établit un code de justice, prescrit une éthique rénovée, réorganise le milieu socioculturel, réglemente les droits et les divorces des citoyens.

Il explique les phénomènes qui régissent l'univers, l'atome primitif, le big-bang, l'expansion de l'univers, la hiérarchisation du cosmos, l'aménagement de la terre, le mouvement des planètes, l'aplanissement des pôles, la dérive des continents, la circulation atmosphérique, la physiologie végétale, les problèmes d'embryogenèses.

Durant 1000 ans, ceci a été inconnu et incompris des savants occidentaux jusqu'à l'époque moderne.

Et conclut, les 2 religions se sont écartées du chemin de la vérité. **S 4:153-176.**

Raisonnons !

Avant l'ère chrétienne et bien avant la naissance de Muhammad, il existait des civilisations qui possédaient une connaissance et un savoir-faire que bien des éminents savants de notre époque sont incapables de maîtriser.

Autrement dit, il n'y a rien d'extraordinaire que Muhammad ait pu faire en comparaison des miracles que Jésus a réalisé.

Entre autre, les musulmans respectent et vénèrent Christ Jésus.
Ils prétendent qu'il est l'incarnation, la révélation du Tout Puissant Allah
et qu'un vrai musulman doit croire et suivre la pensée de Dieu, Christ Jésus.
Si non, il n'est pas musulman.

Pourquoi alors, vénèrent-ils le nom de Muhammad, lui obéissent-ils plus qu'il ne le faudrait à un tel point que le nom de Jésus n'est jamais prononcé ?

Mieux encore, que peuvent-ils espérer d'un mort, alors que Christ Jésus est le premier né d'entre les morts et qu'en ce moment même, il est à la droite de son Père ?

La Bible révèle **:** Ps 146:3-4 ; Jr 10:23 ; Mt 11:7-15,25-27.

....

Allons plus loin dans le raisonnement !

Le subconscient : est un état psychique dont le sujet n'a pas de conscience mais influe sur son comportement.

L'inconscient : à qui la conscience fait défaut de façon permanente ou abolition momentanée de la conscience.

Autrement dit, un sujet se trouvant dans l'une des deux définitions est dépendant soit de manière occasionnelle ou permanente de celui qu'il dépend.

En somme, dans la grotte de Ghâr Hirâ qui peut prétendre avec certitude, qu'il s'agissait bien de l'ange Gabriel et non pas du tentateur, comme cela s'est passé 7 siècles auparavant : Mt 4:1-11.

Enfin bref ! Nous savons que le dessein du malin est de voiler la vérité pour quiconque cherche à se rapprocher du Dieu Yahvé. Le moyen le plus sûr d'y parvenir, c'est aux travers de personnes ayant un esprit fragile et crédule. Mt 13:18-23 ; 2Cor 4:3-4 ; 11:3-5 ; 1Jn 3:8-10 ; Ap 22:18-19.

....

Jésus Christ dans le Coran

La figure de Jésus Christ est centrale dans le christianisme, cela se conçoit aisément.

Jésus est mentionné dans une quinzaine de sourates sur les 114 chapitres que renferme le Coran.

Ses paroles sont souvent médités et rapportées dans le coran.

L'ensemble des musulmans admet dans le fils de Marie, ses éminentes qualités spirituelles. Mais au-delà de cette belle convergence, le Coran et la Bible ne présentent pas le même portrait de Jésus Christ.

Jésus Christ Est la Pensée de Dieu

« O Marie ! Dieu t'annonce une bonne nouvelle de la prochaine venue d'une Parole de Lui, son nom est le Messie, Jésus fils de Marie, notable dans ce monde et dans l'autre et parmi les rapprochés. » S 3:45.

Ce remarquable titre "Parole ou Verbe de Dieu" et cité plusieurs fois dans le Coran et toujours à propos de Jésus. S 3:39,45; 4:171.

Bien sûr, on peut facilement faire le rapprochement avec le livre de l'Évangile : Jn 1:1-18 ou avec : Hé1:1-14.

Pour certains commentateurs musulmans, Jésus a été appelé la "Parole de Dieu" parce qu'il a atteint le degré le plus élevé qu'un homme ne pourrait atteindre.

Dieu Lui-même désigne Jésus à plusieurs reprises comme étant sa Parole, ce qui signifie, que Jésus est un esprit venant de Dieu.

Toute la puissance créatrice de Dieu se tient dans deux lettres du mot arabe qui veut dire « sois », tout se ramène ainsi à des lettres et à des mots ou plutôt à Son Verbe.

En définition : qu'est un rayon de soleil par apport au soleil ?

Définition de la Parole. Page 132 du livre du Coran.

....

Jésus est Prophète
S 19:30

La place que Jésus occupe parmi tous les prophètes est éminente,
la tradition musulmane distingue six grands prophètes : Adam, Noé, Abraham, Moïse, Jésus, Muhammad.

Les trois derniers ont en commun d'avoir apporté chacun d'eux une loi qui fut consignée par écrit dans un livre. Moïse a reçu la Torah, Jésus l'Évangile et Muhammad le Coran.

« Je vous apporte un signe de la part de votre Seigneur. Craignez donc Dieu et obéissez-moi ». S 3:50-55.

Mais le texte coranique va encore plus loin quant à la désignation de Jésus.

Il affirme qu'il est né d'une vierge et il rajoute en prenant sur son compte certaines affirmations qui se trouvent déjà mentionnées dans l'Évangile et qui méritent toute notre attention comme : " Parole de Dieu. "

Le point le plus sensible du débat islamo-chrétien est sans doute celui de la divinité de Jésus-Christ.

Une divinité que les chrétiens considèrent comme le point culminant de la révélation biblique et que les musulmans rejettent catégoriquement en la considérant comme l'une des plus graves atteintes à l'unicité de Dieu.

Malgré sa grande vénération pour le fils de Marie, le Coran entend bien qu'on ne lui attribue d'aucune manière la divinité.

«Mécréants » sont ceux qui affirment cette divinité. S 5:72-73. « Infidèles » ceux qui disent que Dieu est le Messie. S 5:17.

Derrière ce rejet de la divinité du Christ par le Coran se cachent deux idées très importantes : **1**- Il est impossible de concilier la grandeur de Dieu, avec l'humilité qui est propre à la créature humaine.

Dieu est si grand qu'il est inconcevable qu'il puisse s'incarner dans un homme, qu'il puisse s'abaisser pour sauver l'humanité.

Cela ressort de la sourate S 112 qui révèle : « Il est Allah unique, Allah seul, il n'a pas enfanté et il n'a jamais été enfanté, nul ne lui est égal ou semblable. »

....

2- La deuxième raison se trouve dans la sourate S 5:73-116.

D'après ces deux passages, la conception coranique de la trinité paraît comme une conception de triade.

Triade* composée d'Allah (le Père), de Marie (l'Épouse) et de Jésus, (le Fils.)

Le Coran ne cite jamais la Trinité** telle qu'elle se présente dans la Bible.

Le monothéisme*** Trinitaire enseigné par la Bible est dénoncé par le Coran.

* Triade signifie : groupe de trois divinités, de personnes ou choses étroitement associées dans le même culte.

** La Trinité : désignation de Dieu en trois personnes (le Père, le Fils et le St Esprit) distinctes, égales et consubstantielles (d'une seule et même substance) en une seule et indivisible nature.

*** Le Monothéisme : religion qui admet qu'un seul Dieu.

Jésus est la seconde personne de la trinité divine, le Père, le Fils et le St Esprit, et non pas un Dieu parmi trois dieux comme l'affirme le Coran. S 5:116.

Selon le Coran S 4:171 : le Messie Jésus, fils de Marie, n'est que le Messager de Dieu, son Verbe qu'il a jeté à Marie et un Esprit venant de Lui.

Il n'y a aucune distinction que l'on peut faire entre la personne et son esprit.

Jésus est la pensée de Dieu. Une miséricorde de la part de Dieu en faveur de quiconque croira en Jésus et le suivra. Parce qu'il est pur !

Al-Imran 3:45 : « (Rappelle-toi) quand les Anges dirent :
« Ô Marie, voilà qu'Allah t'annonce une parole de Sa part : son nom sera « al-Masīh », « Issa », fils de Marie, illustre ici-bas comme dans l'au-delà, et l'un des rapprochés d'Allah »

L'ayat 45 est l'annonce à Maryam du fait qu'elle a été choisie pour donner naissance au prophète Issa.

Les Musulmans de par le monde ont deux noms pour 'Issa'.
Nous l'appelons "Issa Kalimatullah" (la Parole d'Allah) et "Issa Ruhullah" (l'Esprit d'Allah).

....

Les réponses se trouvent dans la sourate Al-Imran 3:45 et la sourate (Les Prophètes) Anbiyaa 2:91 « Et celle [la vierge Marie] qui avait préservé sa chasteté !

Nous insufflâmes en elle un souffle (de vie) venant de Nous et fîmes d'elle ainsi que de son fils, un signe [miracle] pour l'univers».

Pourquoi faisons-nous référence à Issa en tant que "Issa Kalimatullah" et "Issa Ruhullah" ?

Le Coran est clair à ce sujet : Issa est la Parole (Kalimat) et l'Esprit (Ruh) d'Allah. Aucune autre personne et aucun autre prophète ne portent de tels noms.

La Parole et l'Esprit d'Allah qui ont été placés en Maryam sont devenus chair sous la forme d'un bébé.

Il dit à Maryam d'appeler le bébé 'Issa Masīh'.

Masīh signifie 'l'oint' ou 'celui qui était promis'.

758 ans avant la naissance d'Issa, le prophète Esaïe avait écrit : « C'est pourquoi le Seigneur lui-même vous donnera un signe ; Voici, la vierge deviendra enceinte, elle enfantera un fils, et elle lui donnera le nom d'Emmanuel. » (Esaïe 7:14)

'Emmanuel' vient d'un mot hébreu qui signifie « Allah avec nous ».

Issa sera honoré par tous les peuples de ce monde et pour toujours dans le ciel et sera un des plus proche d'Allah Lui-même.

Le Coran peint une image d'Issa pour nous.

Il est le Kalima d'Allah, Ruh, l'oint qui était annoncé et « un signe pour (toutes) les nations » (Anbiyaa 21:91).

Quand on veut aller quelque part où l'on n'est jamais allé auparavant, on cherche un signe pour se guider. Où irons-nous si nous suivons Issa ?

C'est seulement 7 siècles après que Dieu pardonne à Muhammad ses premiers et ses derniers péchés.

S 48:2. Et qu'il est le dernier des prophètes. S 33:40.

L'erreur est plus entêtée que la foi elle n'examine pas ses croyances.

Marcel Proust

....

Raisonnons !

Il n'existe aucune prophétie dans les Textes Sacrés de l'Ancien Testament et encore moins dans le Nouveau qui fait penser ou prouve que Muhammad serait un prophète de Dieu ou le dernier des prophètes, contrairement aux prophéties annoncées concernant Jésus.

Personne aujourd'hui n'est en mesure d'affirmer et de prouver avec foi que Muhammad est un descendant direct de la lignée de la tribu d'Ismaël. Gn 25:12-18.

En revanche nous avons la certitude qu'Ismaël par sa mère Agar n'est pas issu de la lignée de la tribu de Juda fils de Jacob (Israël) et petit fils d'Isaac et arrière petit fils d'Abraham et de Sara !

Ismaël est le premier né d'Abraham et d'Agar l'égyptienne, le premier né de la branche Ismaélites dont serait éventuellement issue Muhammad mais non pas le premier né de la lignée de la branche d'Israël du peuple élu d'Allah.

Autrement dit, que même si l'on apprenait un jour que Muhammad est de la descendance de la lignée de la tribu d'Ismaël, cela ne changerait en rien en raison de la promesse d'Allah faite à Abraham en Gn 17:17-21.

Allah signifie Dieu en arabe, le Titre le plus Prestigieux de tout l'Univers, mais sertes non pas, le Nom de Dieu !

Le Allah du Coran n'est pas Yahwé le Dieu d'Abraham, d'Isaac et de Jacob, Celui de l'Ancien et du Nouveau Testament qui révèle son Nom (Ex 3:13-15 ; Mt 6:9) mais celui dont l'esprit gît : « 1Jn 5 :19 ».

La S 4:171 révèle que Jésus Est le Verbe, la Pensée de Dieu.
« Messie Jésus dans le Coran Est plus cité que Muhammad » affirment-ils.

N'est-il donc pas plus judicieux quant on sait que la prédiction d'un événement à pour résultat de faire ce qu'elle a prédit, de privilégier et suivre la Pensée de Dieu en Christ-Jésus (Issa) que celle d'un prophète (Muhammad) dont il n'existe aucune prophétie dans aucun des livres de la Torah (Ancien Testament) et de surcroît ayant imposé avec force et cruauté un enseignement contraire à Celui du Verbe ?

Ga 3:23-29 ; Rm 9:1-5-33 ; 1Jn1:1-10 ; 2:1-29 ; 3:1-24...

....

Allons encore plus loin dans la réflexion

En 1) Qu'il y a t-il comme différence entre le Fils de Dieu et l'Esprit Saint de Dieu qui s'Est Fait Chair ? (Jn 1:18 ; Hé 1:1-14. Sourate 3:39,45 ; 4:171)

En 2) Quel autre prophète reçoit de telles prérogatives et se trouve être aussi près de Dieu que Jésus ? (Jn 1:1-5 ; Col 1:15-20 ; Hé 1:1-10 ; Jn 14:6-7)

En 3) Si en plus d'être Messager de Dieu, Jésus Est La Parole de Dieu, Le Verbe de Dieu, un Esprit de Dieu, pourquoi alors Muhammad semble être plus Vénéré, Adulé, Glorifié, Idéalisé que ne l'est Jésus ?

En 4) Jésus comme l'affirme la Sourate 3:39,45 : ''Est La Parole venant d'Allah…'' Quelle est donc cette Parole au travers Laquelle découlerait un enseignement inscrit dans le Coran venant directement du Messie et qui soit différent de celui de la Bible ?

En 5) La S 43:81 dis :"Si le Miséricordieux avait vraiment un enfant, je serai le premier à l'adorer."

Une autre interprétation dit : ''Je serait le premier à m'offusquer.''
(Commentaire bas de page du Coran).

N'est-ce pas en contradiction aux sourates 5:46-47,68 ; 10:94-95 ?
(Voir raisonnement à la ? 18)

En 6) Allah, a t-Il un Nom ? (Ex 3:13-15 ; Mt 6:9)

En 7) La sourate 2:178-179, extrait de bas de page 34, il est expliqué :
''**Il est préférable d'imposer un châtiment qui, par sa sévérité même, dissuade les malfaiteurs** qui sont le plus souvent des lâches, que de laisser à ses gens une chance de louvoyer avec la justice et de s'en sortir à peu de frais ou en compensation de quelque marchandage ou autres basses œuvres.''

Il est cependant à remarquer que l'Islam laisse au demandeur toute latitude pour pardonner et il l'y encourage même puisqu'il en fait un acte de charité.
Mais **il est le seul à pouvoir pardonner et ni le juge, ni la société n'ont le droit de pardonner pour lui.** On ne fait pas l'aumône avec l'argent des autres.
Cette loi du Talion n'est d'ailleurs nullement une innovation de l'Islam mais c'est le fondement du Nouveau et de l'Ancien Testament « oeil pour oeil, dent pour dent ». C'est en effet la justice qui permet aux sociétés de continuer à vivre et la loi du talion est la meilleure garantie de justice, donc de vie.

....

Ambigu cette annotation j'explique : Quel châtiment imposé pour crime de sang qui,
par sa sévérité même, serait plus dissuasif que la condamnation à mort ?

L'Islam fait remarquer, de manière ambivalente, aux demandeurs (victimes),
qu'ils ont **toute latitude**, donc le Libre Arbitre, **pour pardonner** ou non.
Ni un juge, ni la société n'ont le droit de décider à la place du demandeur.
Par conséquent, si la victime ne souhaite pas faire **acte de charité**,
il peut toujours légitimer la Loi du Talion pour s'octroyer le droit d'occire le coupable
de manière non prodigue, autrement dit, de manière non cruelle (barbare).

La Sourate 17:33 il est dit : « Ne tuez point la vie que Dieu a rendue sacrée sauf pour
une raison légitime. Celui qui est tué injustement, Nous avons donné à son répondant
tout pouvoir (pour se venger). **Qu'il ne soit pas prodigue* dans le meurtre**
car sa victoire est déjà assurée. »

*Prodigue signifie : avec excès, sans compter.

Il est dit encore : **« Cette loi du Talion n'est d'ailleurs nullement une innovation
de l'Islam mais c'est le fondement du Nouveau et de l'Ancien Testament,
oeil pour oeil, dent pour dent ».**

Où dans le Nouveau Testament cette doctrine du Talion est fondée ?
(Ex 20:13 ; Mt 5:1-12 ; 7:1-3 ; Lc 6:27-38).

En 8) Muhammad, qu'à t-il fait de si d'extraordinaire et d'exemplaire qui puisse être égal
voir même dépasser les miracles et la piété de Messie Jésus ?

En 9) A t-il été aussi vertueux, chaste que l'a été le Fils de Dieu…?

En 10) Les Sourates 4:159 ; 43:61 affirment le retour du Messie Jésus,
mais n'est-ce pas la confirmation qu'Il Est, parmi tous les Prophètes que Dieu
a fait Oints de loin Supérieur ?
(Jn 1:1-5 ; Col 1:15-20 ; Hé 1:1-10 ; Ap 19:1-16)

En 11) La S 4:3 encourage la polygamie ?
(Gn 2:22-24 ; 1Cor 7:2 ; 1Tm 3:2,12.)

En 12) S 11:42-43 : Noé aurait eu un 4e fils et celui-ci serait noyé ?
(Gn 7:11-16 ; 9:18-19)

En 13) Pour une Vie Eternelle, ne vaut-il pas mieux suivre Christ-Jésus qui a été
ressuscité qu'un prophète qui depuis plus de 1000 ans est enterré dans son tombeau ?
(Jn 11:24-26)

….

En 14) Quel serait le livre de Révélation que l'Ange Gabriel aurait fait lire à Muhammad avant l'écriture du Coran S 2:97 ?

En 15) En Jn 16:7-14, les musulmans prétendent qu'il s'agit de Muhammad.

Ok ! Les bouddhistes pourraient aussi dire : qu'il s'agit non pas de Muhammad mais de Bouda. Les shintoïstes pourraient tout autant répliquer : il ne s'agit ni de l'un, ni de l'autre mais de Confucius…

En 16) Nous connaissons l'ascendance de Jésus inscrite dans la Bible, mais quelle est celle de Muhammad ? (Mt 1:1-17 ; Lc 3:23-38)

En 17) Quel fils d'Abraham que Dieu a établi comme héritier de la Promesse de l'Alliance ? (Gn 17:15-21 ; 21:8-12)

En 18) Les sourates 5:46-47,68 ; 10:94-95 affirment que la Torah et les Evangiles, autrement dit la Bible, comme étant Véridiques.

Bas de page 146 : Le Coran en est la révélation ultime et parfaite. Il abroge tout ce qui est venu avant lui en fait de législation. Le dogme essentiel reste bien entendu immuable et c'est en cela que chaque livre vient confirmer celui qui l'a précédé et abroger en même temps la législation ancienne.

Lors du baptême de Jésus en Lc 3:23 : «…Tu es mon Fils ; moi, aujourd'hui je t'ai engendré. »

Ceci est un fait et non une législation !

Pourquoi mettre en doute la Parole de Dieu lorsque le Coran affirme le contraire ? (Jn 3:16 ; Gal 2:20-21 etc.)

En 19) Le ''Nous'' au début de nombreuses Sourates, qui représente t-il ou qui sont-ils ? (Les Bestiaux S 6:112)

En 20) Les ''Génies'' anges ou démons ?
(Sourate 72 :1-3, 13, 20).

Bas de Page 770 du Coran : « Dieu a créé les Anges immatériels aussi des Génies et les humains qui sont soumis à l'attraction terrestre qui sont matériels. Parmi les deux espèces il y a des croyants comme des mécréants. Quand à la nature exacte des génies, nous n'avons aucune idée précise sauf qu'ils sont doués d'une très grande force et qu'ils sont capables de se déplacer à des vitesses incroyables ».

En 21) Quelle est leur rôle envers les humains ?

En 22) Les Génies et Djinns même créature ?

En 23) Si un courant de docteurs spirituels décident de créer une nouvelle religion, un livre nouveau en s'inspirant des écrits du Coran, quel serait la réaction de l'Islam ? (Dt 18:19-22 ; Is 40:8 ; Mt 5:18)

….

Les Découvertes Scientifiques dans le Coran

Il y a plus de 1400 ans

Dans l'océan il s'y trouve de l'eau douce, que l'univers est en expansion continuelle, que les montagnes ont des racines, que la terre possède 7 couches, que les plantes ont un sexe, mâle et femelle, que l'embryon dans le ventre de sa mère a la forme d'une sangsue, etc et etc ?

Soit ! Une découverte scientifique c'est toujours une victoire sur le vide mais pas nécessairement utile pour le commun des mortels, la Foi en revanche transcende et transfigure qui le désir réellement.

Bien plus convaincant, bien plus utile les miracles de Jésus qui font entrevoir, pour tout à chacun, le souhait à une espérance de vie éternelle à l'Éden.

Ce qui est sûr et ne fait aucun doute, on ne peut comparer ce qui n'est pas comparable. Les deux livres, la Bible et le Coran n'ont strictement mais strictement rien avoir, et cela même, si les Noms Illustres des Personnages Patriarcaux de la Bible figurent dans ce livre indigne et blasphématoire, les quelques Sourates prises au hasard l'affirment !

....

Pas besoin d'être un expert théologien pour comprendre que l'Islam est une église païenne comme bien des églises dites chrétiennes : une contradiction, un blasphème à la Parole et à la Volonté d'Allah, l'unique Dieu Yahwé.

Le Coran fait l'apologie de la polygamie, de la loi du Talion, du sacrifice des animaux. Il enseigne l'interdiction de boire de l'alcool et de manger du porc...

Il Incite les fidèles à vénérer un dieu ayant pour légion 99 noms : ''Le Miséricordieux'', ''le Tout Puissant'', ''Allah''... que des attributs et titres que les fidèles appellent, ''Noms Propres''.

Il Glorifie un prophète guerrier sanguinaire, qui plus est, en plus d'être polygame et fornicateur, il serait condamné à notre époque pour pédophilie.

C'est une avalanche de contradictions vulgaires de conduite à l'Enseignement du Messie Jésus, Fils d'Allah, La Parole du Dieu Créateur, Dieu d'Abraham, d'Isaac et de Jacob.

Pure folie de croire ne serait-ce qu'un instant qu'Allah, Le Dieu Créateur Aurait renié Sa Parole au détriment de Sa Promesse, à l'Alliance faite à Abraham, sa descendance jusqu'au sacrifice du Messie Jésus : « ***Verbe, Esprit et Parole venant de Lui jeté en Marie*** » (Sourate 3:45 ; 4:171), pour un tout autre évangile, un nouveau livre (le Coran), un nouveau prophète (Muhammad), une nouvelle église (l'Islam).

Pour toutes ces incohérences, comment il est possible de ne pas imaginer au point de ne pas y voir les bestiaux mécréants et enjoliveurs qui ont inspiré le Coran (S 6:112).

Oui, c'est assurément pure folie de croire que le Coran vient d'Allah, le Dieu d'Hénoch, de Moïse et d'Élie.

Pire que le Talmud qui n'est qu'un rappel de la culture rabbinique des premiers siècles de notre ère tout en reléguant la Bible au second plan, le Coran ! 2Cor 4:3-4 ; 1Jn 5:19.

Et comme il n'existe aucune définition permettant de distinguer une religion d'une secte, c'est affirmé que toutes religions sont des sectes à l'image d'une synagogue de Satan (Ap 2:9).

....

Le Plan de Chetan

En plus des Textes Sacrés de la Bible qui ont été repris pour affirmer la véracité divine, les découvertes scientifiques que révèle le Coran que vantent les musulmans pour accréditer leur livre sont des œuvres de merveilles extraordinaires de Dieu, mais absolument rien qui puisse accréditer ce livre comme le Livre Véridique de la Parole de Dieu.

Car depuis la genèse, autrement dit, la Création d'Adam et d'Éve, Satan (Chetan ; Iblis) n'a jamais cessé d'être présent en ce bas monde au coté de l'homme afin de l'égarer. Témoin de l'Histoire Humaine, de son évolution, de ses découvertes, de ses inventions, de ses activités, de ses faiblesses, de ses envies mêmes les plus inavouables, en somme, ce qu'il est prêt à faire pour le meilleur et pour le pire. (1Jn 5:19).

Plus de 6 siècles ce sont écoulés après la crucifixion de Christ-Jésus. Depuis tout ce temps le Malin a été en quête d'une duperie qui remettrait en cause les Textes Divinement Inspirés d'Allah que renferment les Rouleaux Sacrés (2Tm 3:16).

La Mecque, en Arabie Saoudite, abritait dans la Kabaa plus de 600 divinités que les mecquois glorifiaient, ce qui fut le cas dans diverses époques antérieures que la Bible retrace. Pour le Tentateur, c'était l'occasion rêvée d'annoncer un nouvel évangile, une nouvelle église, un nouveau prophète. Pour se faire, il s'est inspirer simplement des Textes Sacrés de l'AT et du NT en les remaniant et en incluant des faits scientifiques jadis inconnus des savants afin d'attester la véracité du nouveau livre. Issu de la branche sémite, il naîtrait chez les mecquois une dimension spirituelle qui émergerait et inonderait tous les peuples arabes, alors divisés, pour les rassembler en un seul peuple, une nation spirituelle. A leur tête un berger, un dénommé Muhammad qui deviendrait prophète et descendant d'Ismaël (???) Fils aîné d'Abraham, Père des croyants. Le monde arabe serait alors le nouveau peuple élu d'Allah, une communauté spirituelle persécutée, mal aimée comme le fût et l'est toujours le peuple hébreu. Abracadabra et que la magie opère.

L'objectif bien sûr, pour qu'il y ait une opposition coûte que coûte à la Parole Originelle de Dieu Inscrite dans la Bible, afin d'égarer en plus des païens, le plus grand nombre des fidèles croyants au Vrai Culte du Dieu Créateur Yahwé, en les convertissant à sa nouvelle église que serait l'Islam. La boucle est bouclée.

Mt 5:17-20… ; Gal 1:6-12 ; Jc 2:10-11…

Exodus

Le Système de Choses

La Bible révèle qu'il s'agit du monde dans lequel nous sommes et qui est à l'image et au pouvoir de celui qu'il l'inspire 1Jn 5:19. Il poursuit son œuvre dans les fils… Ép 2:1-2. Si donc la bonne nouvelle que… 2Cor 4:3-4. Que celui qui à des oreilles écoute... Mt 13:24-30. En effet, le langage du poteau ...1Cor 1:18-25. Or nous parlons de sagesse …1Cor 2:6-9. En conclusion 1Cor 3:18-23.

Il est temps pour vous comme pour nous de prendre conscience du peu de temps qu'il nous reste à vivre et de nous éloigner au plus vite non seulement de la tromperie de la Babylone, la prostituée des fausses religions, mais aussi du dérèglement de notre personnalité pour adopter la nouvelle qui est celle de la Volonté de Dieu.

Continuer à croire et à suivre aveuglément un enseignement qui n'est pas celui du Créateur, c'est cultiver l'ignorance pour un égarement certain. Jr 10:23 ; So1:12 -18 ; 1Cor 15:1-34 ; 16:13 -14.

N'ayons pas dans nos cœurs de fausses raisons, en nous disant en nous-même : « Cela avait été jadis prédit et rien ne s'est produit, pourquoi qu'aujourd'hui, nous devrions suivre cette pensée plus qu'à toute autre confession religieuse ? »

Par la Grâce de Jésus et la crainte de Dieu, en apprenant par soit même, nous nous efforçons à chercher à comprendre La Parole Sacrés que renferme la Bible, et plus nous la comprenons, plus nous sommes en capacité d'acquérir le savoir et la réflexion, la sagesse et la discipline, l'art de diriger, de pénétrer proverbes et sentences obscures, des dits sages et leurs énigmes. Pv 1:2-7 ; 2Tm 3:16-17 ; Is 42:1-9 ; 43:9-13 ; Mt 10:32-33… ; Jn 15:9-17.

Exodus

Le Déluge au Temps de Noé

La Signification en notre Temps

Quelles preuves a-t-on qu'un déluge universel a vraiment eu lieu ?

On a trouvé des restes de mammouths et de rhinocéros dans différentes régions de la terre.

Certains ont été découverts dans des falaises en Sibérie, d'autres ont été conservés dans les glaces de Sibérie et de l'Alaska.

Certains ont été retrouvés avec de la nourriture non digérée dans l'estomac ou pas encore mastiquée entre les dents ce qui montre qu'ils sont morts subitement.

On a trouvé dans une même strate les restes fossilisés de nombreux autres animaux, tels que des lions, des tigres, des ours et un élan, ce qui indique peut-être que tous furent tués en même temps.

Certains présentent ce genre de découvertes comme la preuve irréfutable d'un brusque changement de climat et d'une destruction soudaine provoqué par un déluge universel.

D'autres préfèrent expliquer la mort de ces animaux autrement que par une catastrophe planétaire. Toutefois, la preuve que le déluge a eu lieu ne repose pas sur des restes d'animaux fossilisés ou congelés.

La Confirmation des Textes Sacrés

Le témoignage divinement inspiré des rédacteurs de la Bible, appuie l'historicité du déluge avec plus de force que les traditions païennes des peuples primitifs.

En dehors du récit de la Genèse, on ne trouve le même mot hébreu (*mabboul* : déluge) dans une mélodie de David où il dépeint Yahvé assis “ sur le déluge ”. Ps 29:1-11.

Néanmoins, d'autres écrivains, tel Isaïe, confirment le récit de la Genèse auquel ils font référence. Is 54:7-10.

Ézékiel avalise aussi l'historicité de Noé. Éz 14:12-20.

Dans ses lettres, Pierre mentionne beaucoup le récit du déluge. 1P 3:18-20 ; 2P 2:4-5 ; 3:3-7.

Paul rend témoignage à la grande foi dont Noé fit preuve en construisant l'arche qui permit la survie de sa maisonnée et celle de l'humanité. Hé 11:7.

Luc inclut Noé dans la lignée des ancêtres du Messie. Lc 3:36.

....

Les paroles de Jésus concernant l'époque du déluge,
paroles que Luc et Matthieu rapportent tous deux, sont encore plus convaincantes.

Elles ne corroborent pas seulement la véracité du récit du déluge,
mais révèlent la signification figurée et prophétique de ces événements anciens.

Répondant à une question de ses disciples Jésus déclara : Mt 24:3, 36-39
(Lc 17:26-30).

On trouve donc dans les Saintes Écritures inspirées elles-mêmes de nombreux
témoignages à l'appui de l'authenticité et de la véracité du récit du déluge.

Ces témoignages ne reposent pas sur de simples traditions humaines,
sur les traditions des peuples primitifs ou sur les découvertes géologiques
et archéologiques.

La foi repose sur les choses spirituelles, les choses invisibles. Hé 11:1-2.

L'homme de foi n'a pas besoin que l'on lui fasse voir ou que l'on lui prouve
si cela a bien existé, la Bible, donc la Parole de Yahvé, la lui prouve.

Notre époque ressemble étrangement à celle de Noé. 2Tm 3:1-5.

Par conséquent, la Parole de Yahvé ne reviendra pas à Lui. Jd 5-7.

Har-Maguédôn

Ce nom est directement associé à la guerre du grand jour de Dieu le Tout-Puissant Yah.

Il désigne particulièrement la condition ou la situation dans laquelle les rois de la terre
habitée tout entière sont rassemblés en opposition à Yahvé et à son Royaume confié
à Jésus Christ.

Dans certaines versions, il est rendu par Harmaguedôn, Harmaguédon, Armagédon.
Ap 16:13-16.

Le nom Har-Maguédôn, transcrit de l'hébreu, signifie simplement Montagne
de Meguiddo.

Il ne semble pas qu'un lieu réel ait jamais été appelé Montagne de Meguiddo,
ni à l'intérieur ni à l'extérieur de la Terre promise, ni avant l'époque de l'apôtre Jean,
qui consigna la vision, ni de son temps.

Dès lors, Har-Maguédôn puise sans doute son sens dans les événements
qui ont marqué la ville antique de Meguiddo.

À quelques kilomètres au S-E. du Mont Carmel, Meguiddo dominait la plaine d'Esdrelon
(Yizréel) et commandait les grands axes commerciaux et militaires Nord-Sud
et Est-Ouest.

....

Josué conquit d'abord cette ville cananéenne. Jos 12:7-8.

Plus tard, l'armée de Yabîn, commandée par Sisera, fut détruite non loin de là.
En cette occasion, Yahvé employa les forces de la nature pour venir en aide à l'armée israélite conduite par Baraq.

Le récit déclare : Baraq se mit à descendre du Mont Tabor avec dix mille hommes derrière lui.

Alors, devant Baraq, Yahvé jeta la confusion chez Sisera,
parmi tous ses chars et dans tout le camp, par le tranchant de l'épée.

Finalement Sisera descendit du char et s'enfuit à pied. Baraq poursuivit les chars et le camp jusqu'à Harosheth des nations, si bien que tout le camp de Sisera tomba sous le tranchant de l'épée. Il n'en resta pas même un seul. Jg 4:12-16.

Après la victoire, Baraq et la prophétesse Débora entonnèrent un chant qui disait en partie : Jg 5:19-22...

C'est à Meguiddo que mourut le roi Ahazia de Juda, après avoir été mortellement blessé sur l'ordre de Yéhou. 2R 9:27-28.

C'est là que fut tué le roi Yoshiya de Juda lors d'un affrontement avec Pharaon Néko. 2R 23:29-30.

D'après l'histoire profane, de nombreuses autres nations se livrèrent bataille autour de Meguiddo en raison de sa position stratégique.

« Juifs, Gentils, Sarrasins, croisés, Égyptiens, Perses, Druzes,
Turcs et Arabes ont tous planté leurs tentes dans la plaine d'Esdrelon. »

Dans le récit de la Révélation, les forces coalisées des rois de la terre sont rassemblées dans un lieu qu'on appelle en hébreu Har-Maguédôn. Ap 16:16.

Har-Maguédôn est, lit-on, un résultat du déversement des sixième et septième bols contenant les dernières plaies qui mèneront à son terme la fureur de Dieu.
Ap 15:1 ; 16:1,12-14.

Par ailleurs, la guerre d'Har-Maguédôn est étroitement liée à la présence du Christ, ce qui indique l'avertissement relatif à sa venue comme un voleur, avertissement qui est situé en Ap 16:14-16.

Le caractère mondial de cette guerre est souligné par le contexte,
selon lequel les adversaires de Yahvé sont les rois de la terre habitée tout entière, qui sont mobilisés par des paroles inspirées par des démons. Ap16:14.

....

Plus loin, Jean déclare en : Ap 19:19.

Le même chapitre révèle que le chef des armées célestes assis sur un cheval blanc est appelé Fidèle et Véridique, le Verbe de Dieu. Ap 19:11-13.

Il s'agit donc de Jésus Christ, le Verbe, qui agit en qualité de commandant des armées célestes de Dieu. Jn 1:1 ; Ap 3:14.

Attestant encore que Christ dirige ces troupes, la Révélation annonce que les forces terrestres lutteront contre l'Agneau qui est Jésus Christ (Jn 1:29), mais, parce qu'il Est Seigneur des seigneurs et Roi des rois, l'Agneau les vaincra.

Et ils vaincront, ceux qui sont avec lui, les appelés, les choisis, les fidèles. Ap 17:13-14.

Puisque la vision rapportée dans le livre de l'Apocalypse au chapitre 19 dit que seules les armées du ciel feront la guerre aux côtés de Jésus Christ, La Parole de Dieu, il ressort qu'aucun serviteur chrétien de Yahvé sur la terre ne participera au combat.

Cela s'accorde avec les paroles de Jésus Christ consignées en Mt 26:51-52, selon lesquelles ses disciples ne prennent pas les armes d'une guerre physique. Ex 14:13-14 ; 2Ch 20:10-17, 22-23 ; Ps 2:4-9.

Les oiseaux qui volent au milieu du ciel débarrasseront la terre des corps des tués. Ap 19:11-18.

Il est donc clair qu'Har-Maguédôn n'est pas une simple guerre entre humains mais une guerre à laquelle les armées invisibles de Dieu prennent part.

L'Apocalypse

Des catastrophes surviennent de manière si soudaine et inattendue qu'aucun humain ne peut prédire ce que demain apportera. En revanche la Parole de Dieu inscrite dans la Bible montre ô combien, elle n'est pas abstraite. Is 46:9-13.

De même à l'époque de Jésus, certains ont cherché à savoir quand ce jour viendra et quels seront les signes qui annonceront la fin de ce système de choses mauvais. Mt 24:36.

Il ne sert à rien de perdre son temps à faire des calculs savants pour deviner la date et l'heure de la fin du monde car pas même le Fils de Dieu ne connaît ce moment ultime. A moins bien sûr, de se croire supérieur au Messie, mais là…

....

Ce qui est certain de nos jours, c'est qu'il y a de plus en plus de conflits entre les nations. Des disettes, malgré une production de nourriture abondante mais qui se restreinte au fur et mesure que la population humaine s'accroitre. Pareillement, des maladies anciennes que l'on croyait éradiquées se rajoutent aux nouvelles dont on ne connaît aucun remède. Des catastrophes naturelles, de plus en plus virulentes et de moins en moins espacées.
En plus des événements mondiaux, il est prédit un changement marquant dans la société humaine dans les derniers jours... : Mt 24:3-51 (Lc 21:5-36) ; 2Tm 3:1-5.

Jésus a prédit que la majorité des humains ne voudraient pas voir les preuves que nous vivons les derniers jours. La destruction viendra de manière soudaine et inattendue, comme un voleur dans la nuit, elle prendra la plupart des humains par surprise. Comme furent les jours au temps de Noé, avant le déluge : Mt 24:37-39 ; 1Th 5:2-3.

Et pourtant le Verbe continu de nous recommander : Lc 21:34-36 ; Ps 92:2-16.

Il est écrit ceci dans 2P3:8. Ce qui voudrait dire que dans la chronologie biblique nous sommes dans le 6e jour depuis la création d'Adam.

Le 7e jour, auquel le Créateur se reposa sont les 1000 ans auxquels le Fils de Dieu régnera parmi les humains qui auront échappés à son courroux et auxquels ils pourront jouir des biens faits de la miséricorde de Dieu avant la deuxième et ultime étape.

« Chronologie de la Bible »

Israël Vivra

Révélation de l'Apocalypse

Révélation est la traduction du terme français **Apokalupsis** dans les textes grecs.

Les dictionnaires définissent le mot Apocalypse par des expressions comme "cataclysme cosmique imminent", le terme grec Apokalupsis définie l'idée de l'action de "dévoiler ou de découvrir".

La guerre du grand jour de Dieu, n'aura rien de commun avec une hécatombe nucléaire, l'anéantissement de toute vie sur terre, bien au contraire. Ap 16:15-16 ; Ps 37:1-40 ; 145:16-21.

....

Une grande foule d'humains venus de toutes nations survivra de l'exécution du jugement divin à Har-Magédôn. Alors Christ Jésus fera paître ces hommes, ces femmes, ces enfants et les guidera vers la vie éternelle dans le Paradis terrestre. Ap 7:9-17.

La prophétie du jugement de Dieu a commencé au commencement de la création, quand le serpent (Satan) a menti à Éve en lui laissant entendre : Gn 3:1-5. La souveraineté de Dieu fut à ce moment précis défiée.

Alors Dieu dit : Gn 3:15. Une inimitié durable entre Satan et Éve est impossible à la mort d'Éve. Satan étant un esprit invisible, il est normal que la femme dont il est question fasse partie du monde invisible, elle symbolise l'organisation céleste de Dieu composée de créatures spirituelles. Ap 12:1.

Il est question de deux semences, l'une représente la progéniture du serpent, les créatures spirituelles qui se rallièrent à Satan dans sa rébellion en vers Dieu. Ap 12:7-9 ; Ép 6:10-12.

Jn 8:42-47, en s'opposant au Fils de Dieu, ces chefs religieux ont démontré qu'ils étaient, eux aussi, la progéniture de Satan ainsi que tous ceux qui s'opposèrent aux disciples et les persécutèrent. Cette progéniture sur le plan collectif, c'est l'organisation visible de Satan sur terre. Jn 15:20-25 ; 16:33.

Dieu révéla les données relatives à la venue de la semence aux hommes qui le craignaient : Abraham, Gn 22:15-18 ; Isaac, 26:1-5 ; Jacob, 28:13-15 et d'autres ont pu ainsi avoir foi en la promesse selon laquelle la semence apparaîtrait dans cette lignée. Is 46:9-13 ; Hé 11:1-2,32-40.

En Mt 3:1-17, Jésus était ainsi identifié à celui qui avait été envoyé du sein de l'organisation céleste, la semence de la femme, le Messie annoncé. Ga 3:15-18 ; Dn 9:25-27.

Les scribes et les pharisiens du judaïsme du 1er siècle ont persécuté et tué le représentant principal de la semence de la femme.
C'est ainsi que le serpent a pu meurtrir la semence au talon.
Ceci n'est qu'une métaphore, le talon n'est qu'une blessure en vérité,
Yahvé son Père ressuscita son Fils le 3e jour et l'éleva à la vie spirituel.
Gn 3:15 ; Jn 8:31-44 ; Ac 2:29-39 ; 1P 3:18.

Jésus Christ est non seulement glorifié, il sert maintenant à la droite de Dieu, d'où il juge les ennemis de son Père. Ap 12:7-12.

La semence messianique est composée de 144.000 personnes intègres. Ap 12:17 ; 14:1-5.

....

Comme il est prophétisé, la semence terrestre de Satan sera éliminée quand Dieu exécutera son jugement sur Babylone la Grande et sur tous les éléments diaboliques terrestres.

C'est ainsi que Jésus meurtrira à la tête Satan, le serpent originel et ce sera pour lui l'anéantissement complet dans les affaires humaines. Gn 3:15 ; Rm 16:19-20.

L'origine de Babylone vient de Babel. Gn 10:8-10 ; 11:1-9.

Babylone la Grande, l'antique cité, devint la source de l'idolâtrie religieuse.
Ses prêtres enseignaient des doctrines infamantes pour Dieu, comme la survivance de l'âme humaine après la mort et l'existence d'un lieu d'épouvante et de tourments éternels situé dans l'au-delà et dominé par des démons. Ils encourageaient le culte de la créature et de multitude de dieux et de déesses. Ils inventèrent des mythes pour expliquer l'origine de la terre et de l'homme et accomplissaient des actes rituels et des sacrifices avilissants qui étaient censés assurer la fécondité des femmes, l'abondance des récoltes et la victoire dans les guerres.

Lorsque les différents groupes linguistiques quittèrent Babylone et se dispersèrent sur la surface de la terre, ils répandirent la religion babylonienne.
Ainsi, rites et croyances semblables à ceux de l'antique Babylone prospérèrent parmi les premiers habitants d'Europe, d'Afrique, des Amériques, de l'Extrême-Orient et des mers du Sud.

C'est donc à juste titre que la Révélation désigne l'empire universel de la fausse religion comme étant une ville nommée Babylone la Grande. Ap 17:1-6 ; 18:1-24.

Les événements mondiaux de notre temps, sont semblables à ceux qui se sont déjà déroulés, c'est pourquoi, le présent monde ne peut échapper à l'exécution du jugement de Dieu. Jn 17:14-26 ; 2Th 2:1-5.

La venue de cet événement est certaine, il aura lieu au temps fixé par Yahvé Dieu qui agit selon sa propre volonté parmi l'armée des cieux et les habitants de la terre. Dn 4:33-35 ; Mt 24:36-39.

....

Pourquoi Dieu n'Intervient-Il pas ?

Il a estimé qu'il fallait du temps pour répondre de façon satisfaisante à la provocation de Satan le Diable et prouver ainsi que c'est un menteur.

C'est pourquoi il a décidé de laisser les humains se diriger pendant un temps sous l'influence de Satan.

Il nous faut nous rappeler qu'à l'origine cet ange puissant, créature spirituelle invisible, s'est servi d'un serpent pour parler à Ève. Gn 3:1 ; Ap 12:7-9.

En recourant au mensonge et à la ruse, Satan a poussé Adam et Ève à désobéir à Dieu. Devenus imparfaits en péchant, tous leurs descendants ont hérité du péché et ils ont fini par mourir. Gn 2:17 ; 3:6,16-19 ; Rm 5:12-14.

En amenant le premier couple humain à pécher contre Dieu, Satan a suscité une rébellion. Il a contesté la manière de diriger du Créateur. Voila pourquoi Dieu permet les souffrances, pourquoi le monde est rempli de haine et d'injustice. Hab 1:2-4 ; Jb 34:2-12… ; 1P 5:6-11.

Beaucoup pensent que le Tout Puissant Yah est responsable de toutes les souffrances du monde et qu'en vérité le véritable chef de ce système de choses, c'est : 1Jn 5:19 ; 2Cor 4:4.

Satan n'est que haine, tromperie et cruauté, de ce fait, voila pourquoi le monde qui en son pouvoir est influencé et qu'il existe tant de souffrances.

La Bible révèle que Dieu Yahvé va bientôt éliminer dans son ensemble le monde méchant, irréformable au cours de la guerre d'Har-Maguédôn et qu'il sera remplacé par un monde nouveau et juste. Ap 16:13-16 ; Is 9:5-6 ; Mt 6:10 ; Dn 2:44-45.

Christ Jésus le premier né de toute la création dit à ses disciples ce qui concerne tous les humains. Mc 10:23-31 ; Jn 3:16-21 ; 17:2-5.

La méchanceté, la guerre, la criminalité et la violence auront disparu. Ps 37:10-11 ; 46:9-10 ; 67:6-8 ; 72:1-19.

Toute la terre deviendra un Éden, un magnifique jardin : Is 11:6-9 ; 33:24 ; 35:1-10 ; 65:17-25.

Exodus

La Science et la Bible

Prenons pour commencer la Théorie Cosmologique, le **'Big-Bang'**,
là où tout aurait commencé !

Une Réaction n'est-elle pas influencée par une Action ?

Réaction : force qu'exerce en retour un corps soumis à l'action d'un autre corps.

Action : fait, faculté d'agir, de manifester sa volonté en accomplissant quelque chose.

Le petit Larousse compact 2005

Ok !

Imaginons une pièce parfaitement aseptisée, parfaitement hermétique
à l'abri de toutes choses, de toutes vies et d'un quelconque événement extérieur.

Serait-il possible que la vie puisse apparaître ?

Assurément Non !

Le dictionnaire parle, d'un corps non vivant qui est soumis à l'action d'un autre corps non vivant.

Une chose et peu importe laquelle ne possède aucune forme d'intelligence qui lui permet d'agir par sa propre volonté parce qu'elle est dépourvue de toute vie.

Il est donc logique de penser qu'une action est la volonté d'une entité et non d'une quelconque chose ayant aucune forme d'intelligence (Gn 1:1-2…).

Par conséquent pour compléter la théorie du Big-Bang, il est plus sage de dire : qu'une réaction fait suite à une action volontaire et non de faire croire dans l'imaginaire collectif que toute réalité concrète de la vie est le fruit du hasard.

….

Les Origines des Espèces

Charles Darwin, naturaliste britannique fit connaître dans son ouvrage majeur l'origine des espèces par voie de sélection naturelle.

Les paléontologistes dont la science est l'étude des fossiles des êtres vivants ayant peuplé la terre aux époques géologiques, ont à quelque chose près la même analyse que peuvent avoir les évolutionnistes de la doctrine darwinisme.
L'homme descendrait d'un animal et en particulier d'une race de singe (Lucy) qui aurait évolué au fur et mesure sur des millions d'années.

Ok !

Il n'est pas impossible qu'un jour, lors de fouilles archéologique une incroyable découverte d'ossements de Nephilim ou de squelettes de la descendance d'Anaq, dont la date serait antérieure à celle de Lucy soit mise à jour.
Ce qui remettrait en question, la doctrine darwinisme.
Gn 6:1-4 ; Nb 13:27-33 ; 1Ch 20:5-6 ; 1S 17:1-7.

Galilée, de son vrai nom Galiléo Galilei astronome et physicien italien (1564-1642) qui inventa la Lunette astronomique, défendait la thèse de Copernic, selon laquelle la terre n'est pas le centre de l'Univers, mais tourne sur elle-même et autour du soleil.
Il fut condamné à résidence surveillée jusqu'à sa mort et devait abjurer ses hypothèses, sous peine du bûcher. Il faudra attendre 1992 pour que l'église, par la voix du pape Jean Paul II, reconnaisse ses torts à l'égard de Galilée.

Ératosthène de Cyrène astronome et géographe grec (276-194 av J-Ch), est connu pour son calcul de la circonférence de la Terre, le premier à affirmer que la terre est ronde. Alors que vers 2185 av J-Ch ceci fut attesté (Jb 4:8 ; 26:7,10), et, au-delà du 8e et 9e siècle av J-Ch (Is 40:22 ; Pv 8:27).

Comprend qui veut comprendre

....

Allons plus loin dans la réflexion !

Une formule c'est une ou plusieurs combinaisons de données écrites émanant d'une pensée savante.

A titre d'exemple, les 4 éléments naturels qui sont considérés par les anciens, comme les composants ultimes de la réalité : l'Air, l'Eau, le Feu et la Terre.

L'homme est-il capable non pas de reproduire mais de créer une vitalité qui caractérise une existence dans un lieu, l'essence d'un être ?

Une fois encore non !

Si l'un des éléments venait à manquer ou a disparaître de la surface du globe la menace serait-elle que toute vie sur terre serait abolie.

La Vie émane donc obligatoirement et systématiquement d'une pensée savante d'une Entité Créatrice, que l'on veuille ou non.

L'Existence d'une Vie Intelligente Ailleurs que sur Terre ?

Sur ce sujet, il me faut citer, le père José Funes, directeur de l'Observatoire du Vatican, qui, le 13 mai 2008 dans le journal du Saint-Siège l'*Osservatore Romano*, a publié une interview dans laquelle il déclarait : « Selon moi, cette possibilité (celle de l'existence d'une vie extraterrestre intelligente) existe.

Là encore ce prêtre ne fait aucunement référence aux Textes Sacrés, il suppose, il en n'est pas sûr, c'est selon lui, alors que la Bible parle : d'êtres spirituels, Anges et Démons présents dans les cieux. Ép 6:12 ; Dn 10:12-13.

Les Écritures citent dans le monde spirituel, d'êtres à caractère matériel. Né 9:6 ; Is 24:21 ; Mc 13:27.

La Bible indique seulement que seule la terre est porteuse de vie. Gn 1:1, 27 ; 2:1 ; Ac 17:24-28 ; Ps 115:16.

....

Extrait National Géographique Science

Habitabilité et Civilisation

Les astronomes sont à deux doigts de déterminer le facteur suivant de l'équation, à savoir la part des planètes habitables sur lesquelles la vie évolue.
Alors que l'exploration de notre système solaire se poursuit, nous constatons que la liste des mondes habitables est longue et diverse. À titre d'exemple, Mars ou Europe, la lune glacée de Jupiter, pourraient abriter la présence d'une vie microbiologique. Même les nuages toxiques flottant au-dessus de Vénus pourraient potentiellement receler des formes de vie.

« Si cela s'est produit plus d'une fois dans le système solaire, vous obtiendrez cette estimation assez rapidement », confie Jason Wright.

Trouver ne serait-ce qu'un seul exemple de présence de vie hors de la Terre prouverait que la biologie n'est pas le résultat d'un extraordinaire coup de chance cosmique, mais plutôt un résultat probable si les ingrédients nécessaires sont réunis.
Pour de nombreux astronomes, au vu du nombre de planètes habitables dans l'univers, la présence de vie est quasiment inévitable.

Cependant, comme le dit si bien mon père, les dernières variables de l'équation de Drake, celles qui nous diront si seule la Terre abrite des organismes adeptes des technologies dans la galaxie, resteront un mystère tant que nous n'entendrons pas les murmures des mondes extraterrestres.

Cet article a initialement paru sur le site nationalgeographic.com

....

L’Auteur du Big-Bang

Selon mon interprétation : Lorsque Le Verbe Dieu Yahwé, Le Créateur,
Le Dieu Invisible Décide de Créer, Sa toute Première Pensée c’est la Vie.

La Lumière qui Née instantanément du néant des ténèbres de l' Esprit Saint de Dieu Yahwé, se révèle donc en la Naissance de Messie Jésus, Son Fils, le 1er Né de toutes vies et de toutes choses dans le néant de l’univers, mais rien mis à part Messie Jésus n'est né et créer de Dieu à ce moment précis (Gn 1:3-4 ; Col 1:15-17).

Toujours sous la houlette du Grand Architecte, Dieu Yahwé,
Messie Jésus réalise la Volonté de son Père (Gn 1:6,9,11,14,20,24).

Le firmament, les mondes visibles du Cosmos créés par les mains habiles de son Fils, sont toujours invisible par l’homme, jusqu'au moment de sa création au 6e jour du monde visible par lui (Gn 1:26-27 ; 2:7-8...).

D’Essence Divine et Créatrice du Dieu Invisible, Messie Jésus, Est, par conséquent,
Le Dieu visible par Qui toutes choses et toutes vies fût créées. Hé 1:1-10.

Voilà comment j'imagine et j'interprète l’éventuel Big-Bang, la Création de toutes choses, de toutes vies : par la Réaction de la Parole et par l’Action de Dieu, le Verbe Créateur.
Jn 1:1-5 ; Hé 11:1-2.

Assurément, il est plus judicieux et jubilatoire d’être à l’image d’une Entité Créatrice et Divine d’un Dieu Aimant, Miséricordieux, Bienveillant, Protecteur et Tout Puissant, que le fruit d’une évolution hasardeuse et animal qui n’inspire et n’amène nulle part. Pareillement pour une quelconque vie intelligente extraterrestre imaginaire. Hé 11:1...

Exodus

La Volonté de Dieu

Nous offrir nous-mêmes en… Rm 12:1-2.
Je le dis à tous et à chacun : 12:3-13.
La Charité envers tous les hommes, même les ennemis : 12:14-21.
Et Soumission aux pouvoirs civils : 13:1-7.

La Charité ne fait point de tort au prochain… Rm 13:8-10.
Il est l'heure désormais de vous arracher au… 13:11-14.
A celui qui est faible dans la foi,… 14:1-23.
Un devoir pour nous, les forts,… 15:1-13.

Gardons-nous de ces… Rm 16:17-20.
Et n'aimons pas le monde...1Jn 2:15-17.
Si notre Évangile demeure... 2Cor 4:3-4.
C'est que dans les derniers jours... 2Tm 3:2-9.

Car ce monde gît en son pouvoir 1Jn 5:19-21
N'ayons donc jamais de rapports avec celui qui,...1Cor 5:9-13.
L'Esprit dit expressément…1Tm 4:1-11.
Celui qui pratique le péché vient...1Jn 3:8-9
Si nous ne reconnaissons pas ce langage c'est... Jn 8:43-44.

Veillons pour ne pas être surpris. Mt 24:37-44.
Laissons-nous mener par l'Esprit... Ga 5:16-23.
Mieux vaut s'abriter en… Ps 118:8-9.
Et non pas dans... Ps 146:3-4.
C'est que, la voie des humains n'est pas en leur... Jr 10:23.

Ainsi donc, tant que nous avons... Ga 6:10.
Quittons la…Pv 9:6,10.

Les Commandements ne sont pas pesants : Ex 20:3-17.
Ils se résument ainsi : Mc 12:29-31.

Soumettons nous à Dieu... Jc 4:7-8.
Rendons-nous puissant dans le… Ép 6:10-19.
Or la Foi c'est… Hé 11:1-3.
Et sans Elle... 11:6.
La Charité... 1Cor 13:4-7.
Le Fruit de... Ga 5:22-23.

Hé 4:12-16.

Ps 150:1-6. Alléluia.

....

Les Prophéties Messianiques

Né dans la Tribu de Juda : Gn 49:10 / Lc 3:23-38

Né d'une vierge : Is 7:14 / Mt 1:18-25

Descendance du roi David : Is 9:5-6 / Mt 1:1,17

Yahvé déclare qu'Il Est Son Fils : Ps 2:1-12 / Mt 3:13-17

Ils ne pouvaient y croire : Is 53:1-12 / Jn 12:37-50

Entré à Jérusalem sur un âne : Za 9:9-10 / Mt 21:1-11

Trahi par un proche : Ps 41:10 / Jn 13:18-21-32

Pour 30 pièces d'argents : Za 11:13 / Mt 27:3-10

Silencieux devant ses accusateurs : Is 53:7 / Mt 27:11-14

Sorts jetés sur ses vêtements : Ps 22:17-19 / Jn 19:23-24

Sur le poteau, subit des railleries : Ps 22:7-9 / Mt 27:39-43

Aucun os ne Lui sera brisé : Ps 34:20-21 / Jn 19:32-36

Enterré avec les riches : Is 53:9 / Mt 27:57-60

Relevé avant la corruption : Ps 16:8-11 / Ac 2:24-28

Élevé à la droite de son Père : Ps 110:1 / Ac 2:33-36

Michel qui signifie 'Semblable à Dieu' : Dn 12:1 / Jd 9

Emmanuel **'Dieu avec nous'**: Is 7:13-16 ; 8:7-10 / Mt 1:22-25

'Jésus' qui signifie 'Dieu Sauvera' : Is 9:5 / Lc 1:31-33

Archange signifie ' **Chef** ' des anges : Mt 28:16-18 ; 1Th 4:15-18 ; Ap 17:14.

....

La Rançon

Le terme hébreu, *kôpher*, s'emploie au sens propre,
de paiement pour la vie d'un coupable (Nb 35:31 ; Pv 6:34-35).

Au sens figuré (Pv 13:8 ; 21:18 ; Jb 33:23-24 ; Is 43:3),
la racine de ce mot doit avoir le sens de couvrir ou d'effacer.

Le grec *lutron* n'apparaît que dans la déclaration capitale de Jésus :
Mc 10:45 (Mt 20:28), dont s'inspire l'apôtre Paul en employant le nom
composé *antilutron* 1Tm 2:5-6, de la même famille *lutrôsis, lutrousthaï*,
les perspectives de la rédemption, expiation, rachat, sacrifice…

Au commencement, plus exactement en Éden, Adam et Éve en plus d'avoir
des relations privilégiées avec le Créateur, le Tout Puissant, l'Éternel,
ils avaient la possibilité de vivre une vie parfaite et éternelle au milieu d'un jardin
prolifique et mirifique. Gn 1:28-30 ; 2:16-17.

Parmi toutes les plus belles qualités remarquables de Dieu, quatre ils avaient en eux :
Son Amour, Sa Sagesse, Sa Justice et Sa Puissance.

Mais leur désobéissance les a condamné à perdre leur vie parfaite pour une vie
de mortelle et imparfaite avec toutes les conséquences d'une suite logique.
Gn 3:16-19 ; Ps 49:8-10 ; Rm 5:12 ; 1Tm 2:3-7.

Pour l'amour de l'homme, Dieu le Père décida de racheter à prix fort la désobéissance
d'Adam. La Rançon allait être le prix par le quel Yahwé Dieu délivra l'humanité du péché
qui conduit à la mort et ce prix se fera au travers du Sacrifice de la mort de Son Fils,
le Bien Aimé, Notre Seigneur et Sauveur Christ Jésus. Rm 5:19 ; 1Cor 15:21-22 ;
Col 1:13-20 ; Ép1:7-14 ; 1Jn1:8-10.

Avant tout, Il enseignait la Bonne Nouvelle du Royaume Céleste qui dominera la terre
entière ainsi des bienfaits infinis apportés aux humains humbles et fidèles aux
Commandements de Dieu. Mt 4:23-25 ; Jn 7:14-18.

Il enseignait partout où Il pouvait, à partir du moment qu'une oreille l'écoutée,
car telle était la Volonté de Son Père. Mc 6:56 ; Lc 19:1-10 ; Jn 8:28-29.

En même temps, Il était frappé d'une compassion viscérale qu'Il ressentait au travers
les souffrances de chacune des âmes qui venaient l'écouter. Mt 9:36-38 ; 1P 2:20-25.

Le plus beau Don que Dieu Ait donné aux humains, le Sacrifice Rédempteur
de Son Fils, Messie Jésus. Mt 20:25-28.

….

La Pâque

En héb : *pèsah* ; gr : *paskha*.

(Lv 23:5-8)

Prescrite dans la Bible, elle fut instituée le soir qui précéda l'exode.
Elle célèbre dans le même temps le début de la saison de la moisson de l'orge qui inaugure le cycle agricole annuel. Dt 16:1-8…

La première Pâque fut observée à l'époque de la pleine lune, le 14e jour d'Abib (Nisan). Le premier mois de l'année selon le calendrier Hébraïque* et qui correspond à mars/avril d'après le calendrier grégorien**.

* Le calendrier hébraïque est un calendrier luni-solaire composé d'années solaire, de mois solaires et de semaines de sept jours commençant le dimanche et se terminant le samedi, jour du Sabbat.

** Le calendrier grégorien est le calendrier utilisé dans la majeure partie du monde.
C'est un calendrier solaire conçu à la fin du XVIe siècle. Adopté à partir de 1582 dans les états catholiques et protestants, il s'est progressivement étendu au début du XX siècle.
Son instigateur, le pape Grégoire XIII.

La Pâque était un mémorial qu'avait ordonné Yahwé à Moïse et Aaron : Ex 12:1-20...

La Bible établit clairement que Christ est le Sacrifice de la Pâque et qu'il célébra le repas Pascal le soir qui précéda sa mise à mort. 1Cor 5:7-8.

En résumé, Jésus fut arrêté le soir du 13 nisan (jeudi) qui précéda la fête Pascal.
Le lendemain, le 14 nisan (vendredi), le jour de son jugement, de sa crucifixion sur le poteau (gibet) où il expira et où il fut placer dans le tombeau avant le coucher du soleil, avant que commence le shabbat afin que soit accompli avec exactitude ce détail temporel du modèle typique (l'ombre***) donné dans la Loi.
Jn 13:1… ; Hé 10:1-18...

*** Quand les jours d'un homme sont “ comme une ombre qui a décliné ”, c'est que sa mort est proche. Ps 102:12 ; 109:23.

….

Signification Prophétique de la Pâque

Alors qu'il encourageait les chrétiens à mener une vie pure, l'apôtre Paul attribua à la Pâque une signification d'image.

Il compara donc Jésus à l'Agneau Pascal. 1Cor 5:7.

Jean le baptiseur avait désigné Jésus ainsi : Jn 1:29-34.

L'agneau pascal, le mouton qu'Abraham avait offert à la place de son fils Isaac, l'agneau offert chaque matin et chaque soir sur l'autel de Dieu à Jérusalem, autant de signes qui préfiguraient le sacrifice du Fils de Dieu. Gn 22:1-13 ; Ex 29:38-46.

Jésus accomplit certains aspects de la célébration de la Pâque, notamment le fait que le sang sur les maisons en Égypte délivra les premiers-nés de la mort par l'ange destructeur. Ép 1:3-14.

Il avait été prophétisé qu'aucun des os de Jésus ne serait brisé, et cela fut accompli à sa mort. Ps 34:21 ; Jn 19:35-37.

Ainsi, la Pâque que les Juifs célébrèrent pendant des siècles fut une des choses dans lesquelles la Loi fournit une ombre des choses à venir qui mena à Jésus Christ, “ l'Agneau de Dieu ”. Hé 10:1-10 ; Jn 1:24-30.

La viande était accompagnée des gâteaux sans levain le pain d'affliction puis des herbes amères pour rappeler la vie des israélites pendant l'esclavage. Ex 1:13-14 ; Dt 16:1-8.

La Toute Puissante Sainte Cène

Hé 10:1-10 ; Jn 6:47-59 ; Is 53:3-12.

Jésus a institué la Cène lors du dernier Repas Pascal qu'il a célébré avec ses disciples le soir du Jeudi Saint 14 Nissan. Mt 26:17-20, 26-29 (Mc 14:12-26 ; Lc 22:7-8,14-22) ; Jn 13:1-17 ; 1Cor 11:23-26.

Mais surtout, n'oublions pas cette vive recommandation de Paul : «que chacun s'éprouve soi-même…» si nous ne voulons pas être dans la condamnation (1Cor 11:27-30).

La célébration du Mémorial de la Pâque aux alentours de mi-Avril au couché du soleil

Jeudi lecture Jn 13 à 18:1-27, le vendredi Jn 19:1-42 et dimanche Jn 20:1-29.

Ps 110:1-7 ; 96:1-2 ; 97:1-2 ; 98:1 ; 138:1-2 ; 96:1-2

Alléluia ! Alléluia ! Alléluia !

....

La Crucifixion

La Bible ne déclare pas explicitement quel jour de la semaine Jésus a été crucifié. Mais la majorité des chrétiens pensent qu'il s'agit du vendredi, du jeudi pour une partie d'entre eux, voir même du mercredi pour d'autres.

Il est écrit en « Mt 12:40 ».
Dans la pensée juive du Ier siècle, la moitié d'un jour était considérée comme un jour entier. Si Jésus a passé une partie du vendredi, un jour complet le samedi et une autre partie du dimanche dans le tombeau.

Dans le code du travail en effet, pour rappel, toute journée commencée est due par l'employeur. En cas d'accident du travail ou de trajet : Le jour de l'accident du travail ou de trajet est toujours pris en charge par l'employeur, même si le salarié n'a pas débuté sa journée de travail. Pareillement en cas d'hospitalisation le forfait hospitalier est compté comme étant une journée due quelque soit l'enregistrement de l'heure d'entrée et de sortie du patient.

On peut donc considérer que Jésus a passé trois jours dans le tombeau.
Mt 16:21 ; Lc 9:22

L'argument principal en faveur du vendredi la veille du Shabbat se trouve en Mc 15:42-46.

Toutes les traductions ne parlent pas du « troisième jour » comme certaines en Mc 8:31 : « trois jours après ».

Peu importe le jour de la semaine que Jésus ait été crucifié, combien de temps qu'Il a été dans le tombeau avant la résurrection, pire encore, que l'on chicane pour un point sur i ou une virgule qui n'apparaît pas dans telle et telle traduction.

L'important, c'est qu'Il ait accomplit toutes les prophéties et fait la Volonté de Dieu, Notre Père Le Très Haut. Jn 3:13,16,36.

....

Le Shabbat

Qui signifie, ''jour de repos'', débute depuis le coucher du soleil le vendredi soir, jusqu'au coucher du soleil le samedi pour rendre un culte à Dieu. Gn 2:1-3 ; Ex 20:8-11.

Le Shabbat peut-il être observé un tout autre jour au lieu du 7e ?

La Bible enseigne : Mt 5:17-20 ; 12:1-8 ; Lc 13:10-16 ; Mc 2:27-28.

Aussi : Rm 14:1-23 ; Ga 4:1-11 ; Col 2:16-23. Hé 3:7-19 ; 4:1-11.

....

La Résurrection

Les Écritures hébraïques n'avaient jamais fait entrevoir une récompense d'une vie céleste aux juifs fidèles. Elle annonçait plutôt la restauration du Paradis ici bas.

En Dt 7:13-14, il avait été prédit que lorsque la domination, la dignité et le Royaume serait donné au Messie, les peuples, les nations et langues le serviraient.

L'un des malfaiteurs pendus en Lc 23:39-43, a exprimé l'espoir que Jésus se souviendrait de lui lorsque ce temps arriverait. La Bible ne confirme pas l'idée selon laquelle Jésus et le malfaiteur sont allés au ciel plusieurs jours après.

Jésus avait annoncé qu'il ne serait pas relevé avant le troisième jour qui suivrait son exécution. Lc 9:22.

Dans l'intervalle, il n'est pas allé au ciel, car, s'adressant à Marie de Magdala après sa résurrection, il a déclaré : « Jn 20:17 ».

C'est seulement 40 jours après sa résurrection que ses disciples l'ont vu s'élever et disparaître alors qu'Il commençait son ascension vers le ciel. Ac 1:3,6-11.

Le malfaiteur n'a jamais rempli les conditions requises pour aller au ciel.
Il n'était pas « né de nouveau né », il n'avait pas été baptisé dans l'eau ni engendré de l'Esprit Saint de Dieu ; cet Esprit n'a d'ailleurs été répandu sur les disciples de Jésus qu'au 50eme jour, jour de la Pentecôte après l'exécution du malfaiteur.
Lc 22:28-30 ; Jn 3:1-7 ; Ac 2:1-12.

Seule Résurrection Celle de Christ Jésus (1P 3:18 ; 1Cor 15:3-8,21-23,44-58).

Jésus fait aussi savoir à ses fidèles disciples, qu'ils seront eux rassemblés auprès de Lui au ciel au moment voulu (Jn 14:2-3 ; Lc 12:32 ; Ap 14:1).

En revanche la grande majorité des humains fidèles en Christ Jésus, a la perspective d'être ressuscité pour vivre dans un Splendide et Merveilleux Paradis Terrestre.
Jn 5:28-29 ; Is 25:6-9 ; Ap 21:1-4.

Seul Jésus Est Allé au Ciel ?

Hénoch et Élie (Gn 5:24 ; Hé 11:5 ; 2R 2:11).

Ceci ne signifie pas, qu'ils sont les seuls à l'avoir été (Ap 4:4 ; 7:3-4 ; 14:1,3-5).

Celui qui n'est pas prêt à renaître, il est prêt à mourir.

Mt 5:17-20 ; Gal 1:6-12 ; Jc 2:10-26.

....

La Pentecôte

Elle signifie, le cinquantième jour à compter du 16 nisan, jour où on offrait la gerbe de blé durant la fête des semaines, également appelée la fête de la moisson et le jour des premiers fruits murs. Lv 23:15-16*...

C'est au jour de la pentecôte que Jésus répandit l'Esprit Saint sur le groupe de disciples. Ac 2:1-4, jour de sa résurrection (dimanche), le jour ou les grands prêtres offraient la gerbe de blé. Hé 7:26-28.

Les disciples devinrent la nouvelle nation spirituelle de Dieu étant comparés aux prémices du blé, les premiers fruits murs.1Cor 15:23 ; Jc 1:16-18 ; 1P2:9-10.

40 jours après sa résurrection en un certain lieu (Au Mont des Oliviers) et en la présence de ces disciples, Jésus Christ s'éleva et une nuée le déroba. Ac 1:1-14 ; 2:29-36.

Pour info : **Mot** *__Oblation__ = Offrande faite à Dieu / ***Libation** = Action de répandre un liquide en offrande à Dieu, lors d'un sacrifice.

L'Avortement

Thème sociétal récurrent, dont les principales causes sont : le je-m'en-foutisme de l'éducation parentale, d'une part et d'autre part, le laxisme des parents aux réactions impétueux et irrespectueux des enfants rois, leurs progénitures.

La débauche sexuelle par les différents supports médiatiques audiovisuels fixés aux moins de dix ans, les distributeurs à préservatifs la plupart gratuit mis à la disposition des pharmacies et des établissements scolaires qui sournoisement incitent la pratique à la fornication sont les principales causes des grossesses non désirées, des IVG pratiqués à la chaine pour les pays occidentaux, nations dites civilisées pour le fœtus, le futur nouveau né non désirés, personne à part entière tout aussi innocent qu'un nourrisson désiré.

Contrairement aux habitants des pays sous développés et en voie de développement, les occidentaux n'ont aucune circonstance atténuante pour cet acte aussi égoïste que barbare où la majorité de la population accède à tous ses besoins vitaux, au confort et à l'éducation.

Encourir systématiquement à l'IVG pour cause de viols ou d'incestes, c'est n'avoir aucun respect et aucune compassion en la vie en elle même, alors qu'il existe des solutions bien moins radicales et bien plus respectueuses : l'adoption au sein d'une famille aimante, les couples qui ne peuvent avoir d'enfants, les centres spécialisés... Autant de solutions pour jeunes adolescentes et femmes victimes ou non de grossesses non désirées.

Seule référence biblique qui m'a été permis de trouver et fait référence à l'Avortement c'est en : Ex 21:22-25.

La Bible ne dit rien d'autre qui puisse nous apprendre sur les différents cas qui pousseraient et expliqueraient les raisons de l'avortement.

Elle rappelle surtout, l'importance que représente toutes Vies, principalement Celle de l'homme aux yeux de Dieu et son Puissant Amour apporter à l'homme ayant Foi en Sa Volonté. Gn 1:26-27 ; 9:6 ; Ex 20:13 ; Ps 22:10-11 ; 139:13-16 ; Jr 1:5.

Mais parfois, nous nous trouvons face à des cas de figures que la Bible aucunement ne mentionne et ne fait allusion, mais auxquels nous devons faire des choix.
A aucun moment dans la Bible il est écrit, que face à l'avortement ou de l'euthanasie le chrétien doit systématiquement faire opposition. Dt 1:17 ; Lc 6:37 ; Rm 14:4 ; 1Cor 5:12-13.

....

La Fornication

Les rapports intimes entre hommes et femmes ont lieu dans le cadre du mariage, mais serte pas en dehors. Se préserver de l'impudicité, c'est honorer Dieu.
1Cor 6:9-20 ; Ép 5:5 ; Col 3:5-6 ; 1Jn 1:9.

Le Mariage

La Bible contient de nombreuses références à l'engagement envers l'autre pour le reste de sa vie : Gn 1:27-28 ; 2:18-25 ; Ép 5:25-33 ; Rt 1:16-17 ; 1P 3:7 ; Ml 2:15 ; Hé 13:4.

Les Principes Bibliques dans le Mariage

1Cor 13:4-7 ; Col 3:12-14 ; 1Cor 10:24 ; Jc 1:19-27 ; Rm 12:9-13 ; 1P 4:8 ; Mc 10:6-9 ; Ép 4:2-5 ; Qo 4:9 ; Ct 8:7.

Motif de Divorce

Mt 5:31-32 ; 1Cor 7:10-11.

....

La Bigamie et la Polygamie pourquoi seulement que dans l'ancien testament ?

Sachez que si il est écrit en : « Gn 2:24 » Dieu n'interdit pas pour autant la bigamie et la polygamie : Lamek (Gn 4:19), Abraham (Gn 16:1-3 ; 25:1-6), Jacob (Gn 30:1-24), David (2Sm 3:2-5 ; 5:13-16 ; 12:7-8), Salomon (1R 11:1-4) etc, etc.

La désobéissance d'Éve en Éden (Gn 2:16-17 ; 3:1-6) entraina l'homme dans le péché, autrement dit, l'humanité (1Tm 2:14). Cette transgression aux conséquences funestes pour l'ensemble du monde entier, a depuis la genèse jusqu'à la fin des temps fait et fera de la femme, une femme soumise à son mari (Gn 3:16).

Si dans les temps anciens, bien plus qu'à notre époque, les sociétés ont été principalement patriarcales c'est en partie à cause de cette désobéissance.
La femme mariée entièrement dépendante de son époux ne pouvait en tant que célibataire subvenir seule à ses besoins à moins de se livrer à la prostitution ou soumise à l'esclavage.

Cette soumission permettait à l'homme selon ses besoins ou son appétit sexuel d'avoir une domination complète et totale sur la femme. Aussi, le fait d'être bigame ou polygame allait lui permettre d'avoir une descendance accrue afin d'immortaliser son nom et de perpétuer son héritage de ses biens tout en accentuant l'accroissement démographique de la population humaine sur le globe (Gn 9:7).

Et si aujourd'hui la monogamie est préférable à la bigamie et la polygamie c'est simplement que Dieu en a décidé ainsi : Rm 13:9-11 ; Ép 5:21-23.
Cette exemplarité est menée par les pivots, les garants de la Parole de Dieu : « 1Tm 3:2,12-13 ; Tt 1:6-9 ».

Concernant le concubinage, l'union libre, il est également écrit : « 1Cor 6:9-20 ; Ga 5:16-19 ; Ép 5:5 ».

....

Le Suicide

Le geste suicidaire est l'expression de souffrances profondes et de convictions d'impasses existentielles. Une souffrance intolérable rendant la vie insupportable.

C'est aussi un acte considéré pour beaucoup comme étant un acte d'égoïsme, de lâcheté, qui bafoue et piétine la création de Dieu, se moquant bel et bien de la tristesse des personnes endeuillées jusqu'à les accabler.

Mais quitte à surprendre, il n'existe aucun passage de la Bible disant : « *que le suicide est un péché* ». Aucune raison non plus qu'un prêtre refuse le rituel d'inhumation pour les suicidés, aucune base biblique pour prétendre le contraire.

Il est vrai qu'au commencement ce que Dieu créa avant toutes choses c'est la Vie. Gn 1:26 ; Jn 1:1… ; Col 1:15. Mais en : Ex 20:13, il me semble que l'homicide est un tout autre sujet qui n'a rien avoir avec le suicide.

A ceux qui croient que le suicide y est fermement condamné voici les seuls exemples dans la Bible où il est préférable qu'à une longue vie de châtiment et d'humiliation :
Abimélek Jg 9:52-54. Samson Jg 16:25-30. Saül 1S 31:4-5. Ahitophel 2S 17:23.
Zimri 1R 16:18. Éléazar 1M 6:42-46. Le martyre des 7 frères 2M 7:1-41.
Razis 2M 14:37-46.

Qui plus est, dans ces deux récits contradictoires : Mt 27:5 ; Ac 1:18, on constate là encore, qu'il n'y a, comme pour les récits cités ci-dessus, aucun cas de jugement du suicide, c'est seulement la nature humaine du personnage qui en est la cause, désigné d'avance afin que s'accomplisse la prophétie de la Rédemption, qui fait débat.

Quoi qu'il en soit, vivons comme si nous devions mourir demain.
Apprenons comme si nous devions vivre toujours.
Que nos choix soient le reflet de nos espoirs et non dans nos peurs.

Gandhi / Nelson Mandela.

….

L'Euthanasie
Pour ou Contre ?

Définition : Usage des procédés qui permettent de hâter ou de provoquer la mort de malades incurables qui souffrent et souhaitent mourir.

L'euthanasie en France est encadrée principalement par deux lois : la loi de 2002 sur le droit des malades, et la Loi Clayes-Léonetti du 2 février 2016 relative aux droits des patients en fin de vie...

On distingue deux types d'euthanasies

- l'**euthanasie** active : c'**est** le geste d'un tiers qui donne la mort.
- l'**euthanasie** passive : c'**est** l'arrêt des traitements qui abrège la vie lorsque le cas **est** désespéré (refus d'acharnement thérapeutique).

La position de l'église catholique sur l'euthanasie

Le Vatican a publié un document fixant sa doctrine sur la fin de vie, réaffirmant son opposition absolue à l'euthanasie et au suicide assisté mais aussi aux traitements « disproportionnés » et inefficaces, sources de souffrances. Adressée aux fidèles, aux prêtres, aux soignants et aux familles, la lettre « Samaritanus Bonus » (« Le bon Samaritain ») reprend pour l'essentiel des positions connues du Saint-Siège sur l'accompagnement des personnes en fin de vie.

Elle constitue désormais « *la référence la plus complète et détaillée de l'Eglise sur la fin de vie* », note le quotidien catholique italien Avvenire.

Conformément au dogme intangible de l'Eglise catholique depuis des décennies, l'euthanasie y est décrite comme un « crime contre la vie humaine », le suicide assisté de « grave péché » et ceux qui ont décidé d'y recourir ne peuvent recevoir les sacrements. En revanche si la Congrégation pour la Doctrine de la Foi (CDF), gardienne du dogme au Vatican, condamne « *les traitements médicaux agressifs* » qui « *précipitent la mort* », elle réfute tout autant ceux qui « *la retardent* » car ils « privent la mort de sa dignité ».

« *Le renoncement à des moyens extraordinaires et/ou disproportionnés n'est pas l'équivalent du suicide ou de l'euthanasie; il exprime plutôt l'acceptation de la condition humaine face à la mort* », écrit-elle.

La congrégation va même plus loin en précisant que ce renoncement à l'acharnement thérapeutique « *signifie aussi une forme de respect pour la volonté du mourant* » exprimée par exemple dans des directives anticipées.

....

Ajoutant : « *à l'exception de tout acte d'euthanasie ou de nature suicidaire* ».
De même, « *quand la nutrition et l'hydratation ne bénéficient plus au patient, soit parce que son organisme ne peut plus les absorber, soit parce qu'il ne peut les métaboliser, leur administration doit être suspendue* ».

Sans « *accélérer la mort illégalement* », cette décision « *respecte le cours naturel de la maladie* », assure la congrégation dans sa lettre approuvée par le pape en juin. Précisant toutefois: « *La suspension des traitements futiles n'implique pas le retrait des soins thérapeutiques* ».

Un contexte permissif vis-à-vis de l'euthanasie
Le Saint-Siège a indiqué avoir souhaité « clarifier » son éthique sur la fin de vie « dans un contexte législatif civil international de plus en plus permissif à l'égard de l'euthanasie, du suicide assisté et des dispositions sur la fin de vie ».

Le Portugal, vieux pays catholique, est devenu cette année le quatrième pays européen à légaliser l'euthanasie après la Belgique, le Luxembourg et les Pays-Bas.

Dans l'Espagne voisine, le gouvernement socialiste a mis à l'étude un projet de loi reconnaissant le droit à l'euthanasie sous strictes conditions.

D'autres, comme la Suisse, la France, les pays scandinaves ou encore la Grande-Bretagne tolèrent une forme d'aide à la mort, avec l'administration de traitements antidouleur aboutissant à abréger la vie d'un malade incurable.

Des pays à forte tradition catholique comme l'Irlande ou la Pologne restent réfractaires à toute aide à la mort. En Italie en revanche, la Cour constitutionnelle a dépénalisé le suicide assisté.

Le Vatican s'était fermement opposé en juillet 2019 à l'arrêt des traitements maintenant en vie Vincent Lambert, un quadragénaire français en état végétatif depuis dix ans.

Il avait notamment dénoncé « *la grave violation de la dignité de la personne que comporte l'interruption de l'alimentation et de l'hydratation* ».

A la mort de Vincent Lambert, le Saint-Siège avait cité le pape François : « *Dieu est l'unique maître de la vie du début jusqu'à sa fin naturelle et nous avons le devoir de toujours la protéger* ».

S'agissant des soignants enfin, le Vatican estime dans sa lettre que les « *gouvernements doivent reconnaître le droit à l'objection de conscience dans le champ médical et de la santé* ».

A défaut, médecins ou infirmiers peuvent être amenés à « *désobéir* ».

AFP

L'Euthanasie Protestantisme

La Fédération des Églises protestantes de Suisse (FEPS) a pris position le 22 novembre 2007 sur le débat autour de l'euthanasie.

Bien qu'opposée à l'assistance au suicide, et favorable à un élargissement substantiel des soins palliatifs, elle demande une législation claire de la pratique de l'assistance organisée au suicide.

La FEPS plaide pour un débat plus objectif et rappelle que dans chaque situation individuelle, il importe de considérer et de peser les trois aspects centraux que sont la protection de la vie, l'assistance du prochain et le droit à l'autodétermination.

Elle insiste sur les bienfaits d'un accompagnement palliatif efficace, et que celui-ci permet souvent d'enlever l'envie du suicide.

Depuis 2016, la loi Claeys-Leonetti rend contraignantes les directives anticipées et ouvre pour les personnes en fin de vie un droit à demander une sédation profonde et continue en attendant que survienne leur décès.

Des dispositifs qui complètent les lois Kouchner de 2002 permettant l'arrêt des traitements et Leonetti de 2005 interdisant l'acharnement thérapeutique.

Il n'empêche que 83 % des Français estiment que « dans certaines circonstances, chacun devrait pouvoir choisir le moment de sa mort ».

Chez les protestants, ils sont 73 %, dont 54 % parmi les évangéliques, à partager cet avis (1).

Le fait que, malgré les progrès de la prise en charge de la fin de vie ces trente dernières années, plus d'un tiers des personnes meurent toujours dans des conditions difficiles en France, n'est sans doute pas sans lien avec ces chiffres.

Par ailleurs la Suisse et la Belgique, pour ne citer que ces deux pays, accueillent, sous certaines conditions, les étrangers souhaitant mettre fin à leur vie.

....

Un texte de compromis

La prise de position de la FPF, dans laquelle se reconnaissent à la fois les luthéro-réformés et les évangéliques, est un texte de compromis (2) qui pointe les enjeux, aussi bien sociétaux que théologiques, d'une loi qui permettrait l'accès à l'euthanasie ou au suicide assisté.

Y sont clairement exprimées de grandes réserves : donner la mort ne peut être considéré comme un soin, fût-il ultime ; dépénaliser l'assistance au suicide pourrait porter atteinte au courage de vivre d'autres personnes en situation de fragilité que celles en fin de vie.

Au chapitre des préconisations, figurent le développement des soins palliatifs et la volonté de « laisser 'du temps au temps' pour évaluer l'impact et les modalités d'application (de la loi Claeys-Leonetti ndlr) ».

Cela étant, face à la demande sociétale de plus en plus forte de pouvoir maîtriser son existence depuis ses débuts jusqu'à son terme, Jean-Gustave Hentz, praticien hospitalier émérite des Hôpitaux universitaires de Strasbourg, théologien et président de la commission Éthique et société de la FPF, estime que « le suicide assisté, tôt ou tard, sera autorisé en France ».

« Pour les Églises, il vaut mieux anticiper que de se retrouver devant le fait accompli », poursuit-il, citant l'exemple des protestants helvétiques du Canton de Vaud qui ont développé une théologie de l'accompagnement du malade, des familles et des soignants concernés.

Promouvoir la réflexion et le débat, donner à chacun(e), y compris aux jeunes, les moyens de se forger une opinion personnelle sur ces questions, est une volonté clairement affichée et assumée par les Églises membres de la FPF.

1. Sondage Ipsos pour l'hebdomadaire Réforme : « Les protestants en France », octobre 2017.

2. Le texte sera publié en novembre 2018.

....

Constatez, que dans leur réponse pas une seule des deux églises ne fait référence à la Foi en Dieu, à la Prière et aux Miracles de Jésus, un paradoxe qui ne semble pas les gênés.

Enfin bref, face à certains cas extrêmes de maladies les médecins sont obligés de reconnaître leur impuissance : « On ne peut plus rien faire pour vous ». « Il vous reste quelques mois à vivre »…

Mais grâce aux avancées de la médecine, il arrive parfois que l'état de santé du patient évolue et qu'il soit bien-portant plusieurs années après.

Chacun sait aussi que la position des églises catholiques, protestantes et autres sur tel et tel sujet ne repose uniquement sur des idéaux religieux et des doctrines spirituelles qui leur sont propres à chacune d'elle.

L'exemple de l'euthanasie ne fait pas exception, le Vatican affirme « un Non inconditionnel » alors que les FPF et FEPS affirment « un Non pas absolu ».

La maladie incurable est-elle aussi inéluctable que la mort elle même ?

Si l'on se réfère à la Bible, le Don de guérison qui guérit toutes sortes de maladies, d'handicapes et celui d'expulser des démons du corps des possédés ne semble avoir aucune limite. Mt 7:7-8 ; Mc 11:20-24 ; Jn 11:1-44 (Jb 1:1-22 ; 2:1-10…)

De nos jours il n'est pas rare, voir même banal, d'entendre des témoignages de fidèles ayant été guéri ou ont été désenvouté par imposition des mains en fin de culte dans chacune des assemblées évangéliques qui ont lieux plusieurs fois en semaine en France et de par le monde.

Quant à la liturgie sacramentelle de l'église catholique, le sacrement (rituel) des malades à pour but de donner une aide spéciale au chrétien confronté aux difficultés d'une maladie grave ou de la vieillesse.

Autrement dit, contrairement au pasteur, le prêtre ne semble pas avoir autant de pouvoir mais plus enclin d'assister en tant que spectateur à la guérison d'un malade que d'être le Médiateur Spirituel du Don de guérison (Lourdes, Fatima, Guadalupe…)

….

Ce qui semble tout autant abracadabrantesque et contradictoire,
c'est que dans les hôpitaux, lieux de tous les maux et de souffrances, les aumôniers, aussi bien prêtres que pasteurs, ne font étalage d'aucun acte de Don de guérison, et cela, ce n'est pas tant par humilité qu'ils ne veulent se mettent en valeur, malgré ce pouvoir immense qui leur a été soi-disant accordé par la Grâce de Dieu, mais parce qu'il y a des lieux ou la fourberie ne peut être dissimulée. Mt 9:5.

Quoi qu'il en soit, la Parole de Dieu enseigne qu'en toute circonstance qu'aucune maladie incurable n'est inéluctable. Mc 11:23-24.

Aussi s'il n'existe aucun critère de jugement au travers l'enseignement biblique sur le suicide et cela quel que soit la raison qui pousse une personne à s'ôter la vie, combien à plus forte raison il ne peut y avoir de jugement et d'opposition du suicide médicalement assisté consenti par le patient, le corps médical ou de la part de la famille.

La mort est une valeur invariable alors que la douleur est susceptible de croître indéfiniment
et le plus grand Miracle de l'Amour de Dieu est de rendre l'impossible possible.
Mt 10:28-31.

....

Don de Dieu

Les créatures célestes disent : Ap 4:11.

Dans un chant de louange, le roi David a déclaré : Ps 36:10.

Yahvé Dieu entretient notre vie. Ac 14:15-17 ; 17:24-28 ; Is 48:17-19.

Il demande à chacun d'entre nous que nous respections sa volonté, sa création

Dans la loi mosaïque il est écrit : Dt 5:17-18 (Vts 1-22)

La vie est neutre, elle est innocente, seule la mort est coupable.
Car il est écrit : Ps 51:7 ; Rm 5:12-21 ; 6:23 ; Jc 1:12-15.

Qu'en est-il de la vie d'un enfant à naître ?
Is 66:9 ; Ps 127:3 ; 139:13-14.

L'Accouchement sous X n'est-ce pas préférable à l'avortement ?
Il est écrit : Mt 5:38-39, 43-47.

Peut-on avoir foi en Dieu et s'opposer à Sa Volonté quand cela nous arrange ?
Rm 2:12-24 ; 9:14-24 ; Jc 2:10-13.

Autrement dit : accepterions-nous en tant que parent que notre progéniture mette notre autorité en cause, nous désobéisse et fasse ce qu'il lui plait ?
Pv 1:8-9 ; Si 3:1-16 ; 22:3-8 ; 30:1-13.

La PMA* (Procréation Médicalement Assistée) **n'est-ce pas par pur égoïsme qu'un couple qui ne peut engendrer pour cause de stérilité use de tous les moyens pour être parent, alors qu'il y a tant de jeunes enfants qui ne demandent à être adoptés au sein d'une famille aimante ?**
Gn 15:1-4 ; 18:9-14 ; 21:1-7 ; Is 54:1 ; Ss 4:1-6 ; Lc 23:28-29 ; Ép 5:10-17.

Abraham avait une foi inébranlable en Dieu et Sara une épouse exemplaire.
C'est pourquoi ils furent récompensés. Hé 11:1-3, 8-19.

Autrement dit :

Ce que nous faisons pour nous-même disparaît à jamais mais ce que nous faisons pour autrui reste pour toujours.

Exodus

Les Vrais Adorateurs de Dieu

Pv 20:5-6.

Puisons profondément les faits précis dans le puits d'information qu'est la Bible.

Contrairement à tout ce que l'on pense, les chrétiens sont le plus ancien peuple religieux et adorateurs du vrai Dieu.

Pour se convaincre, il faut se munir de la Bible qui révèle les faits établis.
L'histoire des vrais chrétiens s'étend depuis la Genèse,
puisqu'elle commence déjà du vivant du premier homme, Adam.
L'un de ses fils, Abel est déjà appelé Juste. Hé 11:4.

Or Abel n'était que le premier d'une lignée ininterrompue de chrétiens. Gn 4:25.

C'est Noé qui a fait survivre cette lignée au déluge, après avoir donné un avertissement à sa génération. Hé 11:7 ; 2P 2:4-10.

Oui, il a averti sa génération du jugement de Dieu qui allait venir.
Tout au long de l'histoire biblique, Yahvé a suscité des Justes chargés de donner un avertissement spécial en temps de jugement.

Moïse a averti l'Égypte du jugement de Dieu qui allait venir sur Pharaon et les égyptiens. Hé 11:24-29.

Par la suite, les Juifs charnels, l'ancienne nation d'Israël étaient prophétiquement appelés "Témoins" de Yahvé. Is 43:1-7, 12-13.

Vous vous dites, ce sont des Juifs qui sont appelés ainsi et non les chrétiens ?

Oui, mais Jésus était lui-même membre de cette ancienne nation juive. Jn 18:37.

Jésus a bel et bien dit qu'il rendait témoignage à la Vérité.
En effet, jamais aucun homme plus grand que Jésus n'a vécu sur la terre. Ap 1:5-6 ; 5:1-14.

....

Paul décrit la foi exemplaire des ancêtres : Hé 11:1-38.

Il exhorte les chrétiens à prendre modèle sur la foi de ces hommes et à suivre leur exemple, particulièrement celui du Seigneur Jésus-Christ, le plus exemplaire entre tous. Hé 12:1-4.

Cela signifie que tous les chrétiens qui formaient la congrégation du premier siècle étaient des serviteurs de Yahvé, y compris l'apôtre Jean, Juif de naissance.

Il expose clairement ce fait dans les premiers versets du dernier livre
où, il identifie aussi Jésus comme le premier serviteur fidèle de Yahvé. Ap 1:1-3.
Mais encore, Jn 1:1-18 ; 1Cor 15:20-28.

L'Ésotérisme

Ga 5:19-21

La Parole condamne toutes ces formes de pratiques qui consiste à tenter de lire l'avenir ou tout ce qui est caché : l'astrologie, le spiritisme, la divination, l'interprétation des tarots, l'examen dans une boule de cristal, la lecture des lignes de la main, la signification des rêves.... Dt 7:25-26 ; 1S 28:3-19 ; Ps 115:17.

Le médium, le sorcier, le magicien et autre qui interroge les morts s'oppose à la Volonté de Dieu et trompe son semblable à dessein. Dt 18:9-13 ; Is 8:19-20.

À Éphèse, bon nombre pratiquaient la magie avant de devenir chrétiens. Ac 19:18-20 ; 1Cor 10:14-28 ; Ép 6:10-12,16-18 ; Jc 4:7-8 ; Ps 145:17-20 ; Pv 18:10.

Exodus

Le Sang

Faut-il accepter plus facilement un verre d'eau empoisonnée sous prétexte que la majeure partie du contenu est constituée d'eau pure ?

Personne ne pourra jamais garantir que tous les déchets ont été rejetés et éliminés avant qu'il ne soit donné à quelque un d'autre.

De plus en plus de donneurs sont écartés parce qu'ils ont un mode de vie à haut risque ou qu'ils ont pu être exposés lors d'un voyage à des maladies ou à des parasites.

Au Zimbabwe, 70% du sang est actuellement fourni par des écoliers, fidélisés par des compensations.

En République Tchèque, en cours d'une campagne, on invité les citoyens à donner de leur sang contre quelques litres de bière.

Dans une région de l'Inde, les autorités ont organisé du porte à porte pour trouver des donneurs qui voudraient bien réapprovisionner les stocks épuisés.

En juin 2005, l'Organisation Mondiale de la Santé a reconnue la probabilité d'être transfusé sans risque varie énormément d'un pays à un autre.

Dans de nombreux pays, il n'existe pas de programme à l'échelle nationale garantissant des normes de sécurité pour la collecte, des tests et le transport du sang et des produits sanguins.

Il arrive même que les stocks de sang soient conservés dangereusement, par exemple dans des réfrigérateurs domestiques mal entretenus ou dans des glacières.

En l'absence de toutes normes de sécurité.

Quiconque reçoit le sang d'un autre court essentiellement les mêmes risques qu'un patient qui subit une greffe. Le système immunitaire tente à rejeter les tissus étrangers.

Dans certains cas, les transfusions peuvent empêcher le déclenchement de réactions immunitaires naturelles.

Certains médecins maintiennent que le sang allogène celui d'un autre humain est un médicament dangereux et que son utilisation serait interdite s'il était évalué selon les mêmes que les autres médicaments.

Si la médecine de la transfusion présente autant de dangers, pourquoi le sang continue t-il à être utilisé aussi largement, surtout quand il existe d'autres solutions ?

....

De nombreux médecins sont réticents à changer leurs méthodes ou ne sont pas au courant des thérapeutiques de remplacements utilisées aujourd'hui.

Les médecins prennent la décision de transfuser en fonction de l'enseignement qu'ils ont reçu, de leur culture et de leur jugement clinique.

D'autres affirment que le coût des alternatives à la transfusion est trop élevé, bien que des rapports récents tendent à prouver le contraire.

Un patient qui est opéré sans transfusion bénéficie par définition d'un traitement de la meilleure qualité qui soit.

Lorsque les donneurs fournissent du sang, il s'agit généralement de sang total.
Mais, dans de nombreux cas, c'est du plasma qui est prélevé.
Alors que dans certains pays, on transfuse du sang total.

COMPOSITION DU SANG

Le plasma représente entre 52 et 62% du sang total.

C'est un liquide jaune paille et contient 91,5% d'eau.

Les globules rouges constituent entre 38 et 48% du sang total.

Les globules blancs constituent entre 1% du sang total.

Les plaquettes représentent moins de 1% du sang total.

LE FRACTIONNEMENT

La science et la technologie permettent d'identifier et d'extraire du sang certains éléments par un procédé appelé fractionnement.

A titre d'exemple : on peut fractionner l'eau de la mer, constituée à 96,5% d'eau, afin d'en extraire les autres substances présentes comme le magnésium, le brome* et bien sûr le sel.

Pareillement, le plasma sanguin, qui représente plus de la moitié du volume du sang total, contient environ 90% d'eau. Dans le cadre d'une thérapeutique, un médecin peut préconiser une préparation concentrée d'une fraction de plasma.

Une de ces préparations est le Cryoprécipité, riche en protéines, que l'on obtient par congélation puis décongélation du plasma.

*Le Brome : élément chimique de la même famille que le chlore (Halogènes).

....

Certaines protéines plasmatiques sont utilisées couramment en injections pour stimuler le système immunitaire après qu'il a été exposé à des agents infectieux.

Selon Science News, les chercheurs n'ont identifié que quelques centaines de protéines sur les milliers que véhicule le sang. A mesure que s'affinera leur compréhension du sang, de nouveaux produits dérivés de ces protéines seront susceptibles de voir le jour.

C'est l'hème*, qui renferme un atome de fer, qui apporte au sang son rouge intense, une unité de HBOC-201** a la même couleur qu'une unité de globules rouges, composant majeur dont il est extrait.

Contrairement aux globules rouges, qui doivent être réfrigérés et jetés au bout de quelques semaines, le HBOC-201 peut être conservé à température ambiante et utilisé plusieurs mois après sa fabrication.

Et puisque la membrane du globule, qui contient les antigènes propres à chaque individu, a disparu au cours de la préparation, il n'existe aucun risque de réaction grave due à une incompatibilité de groupes sanguins.

Cependant, comparé à d'autres fractions sanguines, le HBOC-201 suscite plus de questions chez certaines personnes.

Pourquoi ?

Parce que, dans la mesure où il est dérivé du sang on verra deux objections à son utilisation.

Premièrement, il assume la fonction principale d'un composant majeur du sang, les globules rouges.

Deuxièmement, l'hémoglobine, dont le HBOC-201 est dérivé, constitue une portion significative de se composant.

Un nombre croissant d'hôpitaux propose une autre solution :
la chirurgie sans transfusion, cette pratique est maintenant répandue dans beaucoup de centres hospitaliers qui attirent l'attention du grand public sur les techniques de chirurgie sans transfusion.

Actuellement, des milliers de médecins traitent leurs patients sans transfusion.

*L'Hème : substance biologique dont la composition relève d'un mélange de fer et de porphyrines que l'on retrouve principalement dans l'hémoglobine.

**Le HBOC-201 : est une alternative au transfusion sanguine chez les patients gravement anémiques.

....

LA VALEUR DU SANG

Jn 6:53-54

Il a environ 2000 ans, les croyants ont reçu le commandement divin de s'abstenir du sang. Gn 9:4 ; Lv 3:17 ; 7:26-27 ; 17:13-14 ; Dt 12:16,23-24. Ac 15:19-20,28-29.

Les chrétiens les plus fidèles à la Parole écrite font tout leur possible pour vivre en accord avec la Bible, qui, ils en sont convaincus, est inspirée de Dieu. 2Tm 3:16-17.

Or ce livre encourage les adorateurs de Dieu à rejeter les pratiques et les habitudes qui mettent leur santé ou même la vie en danger, comme les excès de table, l'abus de l'alcool et la consommation de drogues. Pv 23:19-21 ; 2Cor 7:1 ; Mt 7:12.

Quand ils tombent malades, ils se montrent raisonnables en cherchant un traitement médical et en acceptant la grande majorité des solutions qu'on leur propose. Ph 4:5-7.

Ils obéissent au commandement biblique, raison pour laquelle ils tiennent à recevoir des traitements de substitution non sanguins. Ac 21:25 ; Jn 6:55-58.

La solution ?

Des restaurateurs non sanguins du volume plasmatique
autrement dit : **des substituts du plasma.**

Prendrions-nous encore le risque de boire un verre d'au empoisonnée sous prétexte que la majeure partie du contenu est constituée d'eau pure ?

Exodus

Apostrophe au Chrétien à l'Inobservance

Quand des païens accomplissent naturellement les Commandements de Dieu sans avoir conscience qu'ils viennent de l'Éternel, prouvent et montrent la réalité de cette Loi inscrite dans leur cœur (Rm 2:14-15).

Et nous, qui arborons le nom de chrétiens en nous flattant d'être les guides des aveugles, les maitres des simples, parce que nous possédons dans la Loi l'expression même de la Science et de la Vérité… (Rm 2:17-20...)

L'Apôtre Paul en son époque fit ce constat : « Rm 3:10-18 ».

Il est plus que clair qu'au fur et à mesure que nous nous rapprochons des temps de la fin la chrétienté est de plus en plus assimilée au paganisme.
Jr 23:16-32 ; 2Tm 3:1-9 ; 2P 2:1-22 ; 3:3-10.

Si tel n'était pas le cas, le chrétien ne serait pas si autant divisé, indifférent au point de nuire autrui, son semblable, son frère, il ne pratiquerait pas ce qui est contre nature…, la Volonté de Dieu, il n'accepterait pas à dessein de louches et frauduleux projets comme par exemple : travestir la Parole de Dieu pour des fables, il observerait plutôt ce qu'enseigne la Bible. Mt 7:21-23.

Donc, lorsqu'un chrétien s'obstine à fermer les yeux aux inepties hérétiques des enseignements dogmatiques des dites églises sans remord il entraine sa postérité à la ruine éternelle, aux ténèbres du néant, mieux vaut alors être un païen ayant l'estime de Dieu ! Rm 13:8-14 ; Jc 4:1-17 ; 2Cor 6:14-18.

Bref, Lc 13:30 ; Dt 29:17 !

Quant à moi et les miens,… : «Js 24:15.»

….

La Maison d'étude Biblique

Ac 17:22-34

Pour se réapproprier la Bible afin d'apprendre et d'interpréter la Parole Divine comme elle se doit de l'être dans la Volonté de Dieu, j'invite donc le chrétien à faire de sa maisonnée une maison d'étude biblique (Mt 18:19-20).

Pour ce faire : la maison d'étude biblique comprendra 7 membres au grand maximum, ce qui facilitera la compréhension, les réflexions pertinentes et explications inspirées que chacun aura (Jn 8:31-32 ; 14:6).

Si 10 participants se présentent en même temps et souhaitent participer à l'étude biblique, l'un d'eux ou des 7 de la maisonnée déjà constituée de 7 membres se dévouera en invitant dans sa maisonnée ou dans celle des 3 restants jusqu'à atteindre le nombre de participants exigé.

Les études bibliques auront lieu une à deux fois par semaine selon…, pour une durée de temps de deux à trois heures.

Il est plus que souhaitable, après des mois et des mois d'études consacrées à la Parole de Dieu, les disciples de la même maisonnée, échangent leur place pour une autre maison d'étude biblique afin de parfaire leurs connaissances spirituelles avec d'autres disciples du Seigneur Christ-Jésus.

Le bon ordre dans les réunions d'études : 1Cor 11:1-16 ; 14:26-39 (1Tm 2:9-14).

Se réunir est un début, rester ensemble est un progrès, travailler ensemble est une réussite.

Proverbe africain

....

Être Chrétien

Être à l'image de Messie Jésus, il n'y a pas pire Mission, de Sentier plus âpre que Celle du chrétien.

Et pourtant, la Volonté de Dieu est bien plus aisée que de rechercher à décrocher une médaille en or ou un quelconque trophée. 1Jn 5:2-5 ; Jn 14:21 ; 15:10,14 ; Ps 19:7-11 ; Pv 3:17.

Sa Mission c'est de rechercher chaque jour à être façonné à l'image
du Messie sans s'écarter de la voie (Jn 4:34 ; 13:34).
Faire preuve d'une Loyauté inébranlable (Lc 4:8 ; 1Cor 10:21).
Humble, Charitable en toute circonstance (Mt 11:28-30 ; 1Tm 1:5).
Pardonner l'impardonnable (Mt 6:12-13 ; Col 3:13).
Aimer son ennemi comme soi-même... (Mt 5:44 ; 7:12).
Et croyez moi, n'est pas Chrétien qui veut.
Parole d'un Chrétien.

Au Nom du Père, du Fils et du Saint Esprit que cette initiative soit bénite par Toi mon Dieu. Amen.

C'est une belle harmonie quand le dire et le faire vont ensemble.

Michel De Montaigne

Exodus

Résumé Dogmatique de la Connaissance de la Foi

1) *Dieu a t-Il un nom ? Si oui ! Lequel Est-ce et que signifie t-Il ?*

Mt 6:9 ; Ex 3:13-15 ; Jn 1:1.

2) *Quelle est Sa Volonté ?*

Ex 20:1-17 (Dt 5:6-22). Mc 12:28-31.

3) En Gn 1:26 ; 3:22 ; 11:7 Dieu se parle t-Il à Lui-Même ? Si non ! Avec qui ?

Jn 1:1-15 ; Col 1:15-20.

4) *Quel défit Satan lance t-il au Créateur et pourquoi ?*

Gn 3:1-5 ; Jb 1:1-22 ; 2:1-10. Jn 8:37-44 ; 1P 5:8-9.

5) *Comment s'appelait le tout premier criminel de l'humanité,*
le 3e enfant d'Adam et d'Éve et pourquoi il est si important de le savoir ?

Gn 4:1- 8. B) Gn 4:25-26 ; 1Ch 1:1.

6) *Si Éve était la seule femme sur terre au début de la création,*
comment Caïn a pu avoir une descendance ?

Gn 5:1-32.

7) *Pourquoi existe t-il différentes langues et de couleurs de peau ?*

Gn 11:1-9.

8) *Pourquoi l'homme souffre et meurt-il ?*

Gn 3:1-6, 16-19. Rm 5:12-21.

9) *Parmi tant d'autres nations, pourquoi Dieu choisit-il le peuple hébreu ?*

Gn 15:1-6 ; 17:1-8, 15-21 ; 25:19-26 ; 35:10-15.

10) *Adam, Noé, Abraham, Isaac sont-ils d'origine hébraïque ?*

11) *Pour quelle raison Dieu ordonnait-il la circoncision ?*

Gn 17:10-14.

....

12) *Combien Jacob eut de Fils et de qui il était le petit Fils ?*

Gn 35:22-26,27-29.

13) *Pour quelle raison le peuple de Dieu fut-il mis en esclavage ?*
Le temps que cela a duré ? Le nombre de plaies qui frappa l'Égypte
et qu'advient-il de l'armée Égyptienne ?

Ex 1:8-11. B) Ex 12:40-41. C) Exode chapitres 7 à 11. D) Ex 14:15-31.

14) *Par l'intermédiaire de qui le peuple élu fut-il délivré et de quelle tribu fut-il issu ?*
Qui lui attribua son nom et l'a nourrit lorsqu'il était un nourrisson ?
Comment se nomma son frère aîné ainsi que sa sœur cadette ?

Ex 3:7-12. B) Ex 2:1-4 ; 2:5-10. C) Ex 6:20 ; Nb 26:59.

15) *A l'origine que signifiait la Pâque ?*

EX 12:1-2, 15-17, 26-28 ; Dt 16:1.

16) *Qu'enseigne la Bible sur la pratique de l'astrologie, la cartomancie et le spiritisme ?*

Lv 19:31 ; 20:6,27 ; Dt 18:10-12. Ac 16:16-18 ; Ga 5:19-21 ; Ap 21:8.

17) *Les morts peuvent-ils communiquer : nous entendre, nous voir et nous aider ?*

Qo 9:5-6,10 ; Ps 146:3-4 ; Is 26:14.

18) *Les prières peuvent-elles êtres exaucées par des saints ?*

1R 8:22-61 ; Pv 15:8,29 ; Is 43:1-13. Mt 6:7-14 ; 7:7-11 ; Mc 11:20-25 ; Jn 14:1-21 ;
Hé 11:1.

19) *La Bible révèle t-elle une vie extra-terrestre dans l'univers ?*

Gn 1:1 ; 6:1-4. Ap 12:7-9.

20) *Pourquoi Dieu n'intervient-Il pas maintenant ?*

Gn 8:20-22 ; 9:12-17. Jn 3:16-18 ; Mt 24:14 ; 1Tm 2:3-8.

21) *Dieu interdit t-Il la consommation d'alcool, de manger du porc,*
de fumer, de participer à des fêtes païennes…?

Dt 14:3-21. Mt 15:10-20 ; Rm 14:13-23 ; Ac 11:1-10 ; Col 2:16-23.

....

22) *Dieu éprouve t-Il l'humain ?*

Si 15:11-20 ; 18:8-14. Jc 1:12-15.

23) *Que signifie la Foi ?*

Hé 11:1-3 ; Jc 2:14-26.

24) *Pourquoi faut-il apprendre de la Bible plus que tout autre livre religieux ?*

2Tm 3:16-17 ; 2P1:20-21.

25) *Jésus Est-Il Dieu ou un Dieu ?*

Gn 1:3,26. Mt 1:18-23 ; Jn 1:1-10 ; Col 1:15-16 ; Hé 1:1-10.

26) *L'homme est-il d'origine animal ?*

Gn 1:26-27. Ac 17:24-28.

27) *Quel jour Jésus fut crucifier ? Pourquoi fallut-il à tout prix le mettre à mort ce jour ?*

Mt 26:1-5 ; Mc 15:42-46. B) Ex 20:8-11 ; 31:12-17.

28) *Tous les hommes sont-ils, fils de Dieu ?*

1Jn 3:9-10.

29) *L'avortement serait-il un péché pour Dieu ?*

Ps 139:13-16. 1Cor 6:18-20 ; Col 3:5-6.

30) *Quel est le chiffre du mal ?*

Ap 13:16-18.

31) *Qu'est-ce qu'un disciple ?*

Is 8:11-16. Mt 10:24-25 ; 28:16-20.

32) *Par qui Jésus fut trahi ? Qu'advient-il pour ce disciple ? Et qui fut élu à sa place ?*

Mt 26:14-16 (Lc 22:3-5) B) Mt 27:3-10 (Ac 1:18-19) C) Ac 1:21-26.

33) *Que signifie le mot apôtre ?*

Mt 10:5-7.

....

34) *Marie, mère de Jésus est-elle restée chaste jusqu'à sa mort ?*

Mt 13:53-56.

35) *Que signifie le mot évangile ?*

Mt 4:23 ; Rm 15:15-21.

36) *Comment Dieu considère t-Il les sodomites ?*

Lv 18:22-24. 2Tm 2:3-5 ; 1Tm 1:8-11 ; Ga 5:16-21 ; 1Cor 6:15-20 ; Col 3:5-6.

37) *Un jour pour Dieu est égal à combien de temps pour l'homme ?*

Ps 90:1-4. 2P 3:8.

38) *Quelle est pour Dieu la vraie raison d'un divorce pour un couple ?*

Mt 1:18-19 ; 5:31-32 ; 19:3-9. Dt 24:1-4.

39) *Que signifie le mot Christ ?*

Dn 9:25-27. Mt 2:1-6 ; Jn 4:20-26.

40) *Combien de temps le peuple de Dieu marcha t-il dans le désert ?*

Dt 8:2-4.

41) *Quelle tribu parmi les 12 d'Israël Dieu choisit-Il pour officier en tant que prêtre ?*

Gn 29:32-34 ; Nb 1:48-54 ; Js 14:3-5 ; 21:1-3 ; 1R 8:1-5 ; 1Ch 23:1-6 ; 24:1-19.

42) *Que signifie le mot Genèse ?*

Gn 1:1.

43) *Quel autre nom qui signifie en hébreu le Jour de Repos ?*

Ex 20:8-11 (16:23-30).

44) *La nation d'Israël contemporaine est-elle toujours le peuple élu de Dieu ?*

Dt 7:6-8 ; Ex 19:5-6. Mt 21:42-43 ; 23:37-38 ; Ga 3:23-29 ; Ac 4:1-12.

45) *Est-il plus important de cultiver la Foi ou la Loi ?*

Ga 3:8-14,19-24 ; Rm 3:19-20 ; 10:4 ; 1Cor 15:56 ; Mt 22:34-40 ; Jc 2:10-13.

....

46) *Combien de disciples Jésus avait-Il ?*

Mc 3:13-19 ; Jn 1:35-51.

47) *D'où vient le mot Baptême dans l'Eau et pour quelle raison on Baptisait ?*

Lc 1:5-7, 57-66 ; Mt 3:1-3. B) Mc 1:4-5, 9-11.

48) *Que signifie le mot Alléluia ?*

Ps 113:1 ; 117:1 ; 146:1,10 ; 147:1 ; 148:1-4,7 ; 150:1-6.

49) *De quelle tribu de la nation d'Israël Jésus Était-Il issu ?*

Gn 49:8 ; 2S 7:12-17. Lc 3:30-38 ; Ap 5:5.

50) *Dieu Fit une Promesse à Abraham laquelle est-ce ?*

Gn 15:1-5 ; 17:4-8 ; 21:1-7 ; 1Ch 1:34. Mt 1:1-2.

51) *Dieu permet-Il que l'on s'approprie le titre de Père Spirituel ?*

Mt 23:8-12 ; 1Cor 4:14-16 ; 1Th 2:6,11-12.

52) *Le baptême d'un nourrisson est-il biblique ?*

Lc 3:2-6 ; 12:49-50 ; Ac 2:37-41 ; 10:44-48 ; 19:1-7 ; 1Cor 12:13 ; Ép 4:1-6.

53) *Pouvons nous utiliser le sang humain et celui de l'animal comme bon nous sembles ?*

Ex 12:7,22-25 ; 24:3-8 ; Lv 16:11-19. Col 2:17-19 ; Hé 10:1-10 ; Ac 15:19-21,27-29.

54) *L'homme peut-il connaître le Jour de la fin du monde ?*

Mt 24:36 ; 25:1-13.

55) *Que signifie le mot Pentecôte et que symbolise t-il ?*

Lv 23:15-21. B) Ac 1:10-14 ; Hé 7:26 ; Ép 2:11-22.

56) *Au bout de combien de temps après sa résurrection Jésus Est resté sur terre ?*

Lc 24:13-32,44-49 ; 1Cor 15:3-8 ; Ac 1:1-3.

57) *Quels Noms célestes sont attribués à Jésus ?*

Is 7:14. Mt 1:23. Dn 12:1. Ap 12:7-8.

....

58) *Quel est la signification du mot Archange ?*

Jd 9 ; Ap 12:7 ; Dn 10:13,21 ; 12:1. Tb 12:15. Lc 1:19,26 ; Dn 8:16 ; 9:21. 1Th 4:16 ; Ap 19:11-16.

59) *Quel descendant de Noé est l'ancêtre des noirs ?*

Gn 9:25 ; 10:6-7.

60) *Faut-il prier en direction de la Vierge Marie ?*

Mt 6:5-8 ; Lc 11:1-4 ; Jn 14:1-6,11-17 ; Rm 8:33-39 ; 15:30-33 ; 1Tm 2:1-7 ; Hé 7:20-25 ; 1P 3:12 ; 1Jn 3:21-24. Ps 113:1-9.

61) *Quel Péché que Dieu ne pardonne absolument pas ?*

Ex 20:7. Mt 12:31-32 ; Ga 6:7-8.

62) *Doit-on respecter les autorités en placent ici bas ?*

Rm 13:1-7 ; Mc 12:13-17.

63) *Le chrétien doit-il participer aux affaires politiques ?*

Ac 5:27-32 ; Jn 17:14-18 ; 1Jn 5:19 ; 1Cor 2:12-16. Ps 146:3-4 ; Jr 10:23.

64) *Faut-il croire en la Réincarnation de l'homme ?*

Ps 146:4 ; Qo 9:10. Mt 1:22-25 ; Col 1:15-20 ; Ap 5:1-10.

65) *Qu'enseigne la Bible sur le Paradis ?*

Gn 2:8. Mt 5:5 ; 6:10 ; Ép 1:9-11 ; Ap 5 :9-10 ; 21:1-5 ; 22:1-5.

66) *Qui sont ceux qui iront au ciel ?*

Lc 12:32 ; Ap 7:4-8 ; 14:1-5.

67) *Marie est-elle une Immaculée conception ?*

Rm 5:12-14. Lv 12:1-8.

68) *Dieu Est-Il responsable des malheurs de l'homme ?*

Gn 2:4-9,18-25 ; 3:1-24 ; Ha 1:2-4 ; Jb 1:1-22 ; 2:1-13 ; 42:1-17. 1P 5:7-11. Is 55:7-9.

69) *La Destinée de l'homme est-elle à l'avance écrite ?*

Pv 10:27 ; Qo 3:1-8 ; 9:11-12. 2P 3:8-9.

....

70) *L'Église vraie qu'elle est-ce ?*

1P 2:1-8 ; Ac 7:47-50 ; 17:24-29 ; Mt 16:16-18 ; 1Cor 10:1-4 ; 12:12-27 ; Ac 4:8-12.

71) *La Bible fut-elle inspirée par l'homme ou par Dieu ?*

2P1:20-21. Is 45:1-7. 2Tm 3:16-17 ; Rm 15:4-6.

72) *Dieu Exige t-Il toujours le Sacrifice d'Animaux ?*

Mt 9:10-13 ; Rm 12:1-2 ; Hé 10:1-18,26-27 ; 13:15-16.

73) *La Circoncision du Prépuce est-elle une pratique toujours obligatoire ?*

Rm 2:25-29 ; 4:9-12 ; 1Cor 7:18-19 ; Ph 3:1-3.

74) *L'Enfer tel qu'il est imaginé existe t-il ?*

Mt 13:24-30 ; 25:31-46 ; Hé 10:26-27 ; Ap 20:10,13-15.

75) *Quels sont les signes prophétiques qui signaleront l'Apocalypse ?*

2Tm 3:1-9 ; Mt 24:3-44 (Lc 21:8-28 ; 2Th 2:1-12).

76) *La terre sera t-elle détruite complétement ?*

Mt 6:10. Qo 1:4-7. 2P 3:5-7 ; Ap 21:1-5.

77) Que signifie le mot *Apostasie ?*

Ac 20:29-30 ; 2P 2:1-3 ; 1Tm 4:1-3,7-8 ; 2Th 2:1-17 ; Rm 16:17-18 ; Hé 6:4-8.

78) *Quel est la Règle d'Or ?*

Mt 7:12.

79) *La Femme est-elle l'égale de l'homme ?*

1Cor 11:3,8-9 ; Ép 5:21-33.

80) *Qu'est-ce que le Péché ?*

Jc 1:14-15. Gn 3:1-6. Ga 6:7-8 ; 1Jn 1:1-10 ; Rm 5:12-21 ; 7:14-25.

....

81) *Dans quelle ville Syrienne pour la première fois les disciples furent appelés chrétiens ?*

Ac 11:18-26.

82) *La Loi du Talion doit-elle, de nos jours être pratiquée ?*

Ex 21:12-37... ; Dt 5:1-22. Rm 12:14-21 ; Hé 8:6 ; 9:15-28 ; Mc 12:28-31 ; 1P1:13-25.

83) *Est-ce un péché de Fêter l'Anniversaire de Naissance et celui des Morts ?*

Mt 14:3-11 ; Col 2:16-23.

84) *Jésus Christ Est-Il Né un 25 décembre ?*

Mt 2:1-23 (Lc 2:1-20).

85) *Le monde git au pouvoir de quel esprit ?*

2Cor 4:3-4 ; 1Jn 5:19 ; Ap 12:7-9.

86) *Quel est la Prière Modèle ?*

Mt 6:7-13.

87) *Pourquoi l'homme existe t-il ?*

Gn1:26-27. Ac 17:24-28 ; Jn 3:16 ; Ap 4:9-11.

88) *Qui à par Jésus est monté au ciel ?*

Qo 9:1-4. Jn 3:13.

89) *La Femme chrétienne doit-elle se couvrir la tête, si oui en quelle occasion ?*

1Cor 11:3-16.

90) *Doit t'on aduler les idoles ?*

Ex 20:3-6 ; Ss 13:1-19 ; 14:11-31 ; 15:1-19 ; Jr 10:1-16. 1Cor 10:14-23.

91) *Adam et Éve ressemblaient-ils aux hommes des cavernes ou des Néanderthaliens ?*

Gn 1:26-27 ; 2:19-25.

92) Qu'enseigne la Bible concernant le concubinage (l'union libre) ?

1Cor 6:9-20 ; Ga 5:16-19 ; Ép 5:5.

....

93) *Que symbolise la Rançon de Jésus ?*

1P 2:22-24 ; Hé 7:26 ; Rm 5:12-21 ; 1Cor 15:45-49 ; 1Tm 2:3-8 ; Ph 2:6-11.

94) Par qui et *où ont été écrites les Tablettes des Dix Commandements ?*
Où elles ont été placées par la suite ?

Ex 19:1-2. B) Ex 31:18. C) Ex 40:20-21.

95) *Envers qui se Confesser et se faire Pardonner ?*

Mt 10:32-33 ; 23:2-9 ; Hé 10:26-27 ; Mc 3:29-30. 1Jn 2:1-2 ; Mt 5:23-24 ; 6:5-6 ; 18:21-22 ; Ac 8:9-23.

96) *Comment résister aux esprits méchants ?*

Dt 18:9-12 ; Is 8:11-20. Ap 12:12,17 ; Ac 19:18-19 ; 1Cor 10:21-22 ; Ép 6:10-18 ; Jc 4:7-8. Pv 18:10 ; Ps 145:19-21.

97) *Le Libre Arbitre que signifie t-il ?*

Dt 30:15-20 ; Js 24:14-15.

98) *La Crainte de Dieu qu'est-ce ?*

Si 32:14-24 ; 33:1-3 ; Pv 1:1-7.

99) *Les Miracles de nos jours viennent-ils de Dieu ?*

Ac 13:1-12 ; 19:11-20 ; Mt 7:21-23 ; 24:23-26 ; 2Th 2:9-12.

100) *Babylone la Grande que représentait-elle et symbolise t-elle aujourd'hui ?*

Gn 10:8-10 ; Dn 5:18-28. Ap 17:1-5 ; 18:1-24 ; Jc 4:4 ; 2Cor 4:3-4 ; 11:13-15.

101) *Que représente la Tente du Témoignage ?*
Quelles Choses étaient enfermées dans l'Arche et que symbolisent-elles ?

Nb 17:1-11, 16-20 ; Ex 16:11-15, 31-36. Hé 9:1-5, 6-28.

102) *En combien de temps Noé a t-il construit l'Arche, et est-il resté lui et ses proches confiné à l'intérieur ?*

Gn 5:32 ; 6:14-22 ; 7:6. B) Gn 7:1-4, 11-16 ; 8:13-14.

103) La Bible à t-elle toujours interdit la bigamie et la polygamie ?

Gn 4:19 ; 16:1-3 ; 25:1-6 ; 30:1-24 ; 2Sm 3:2-5 ; 5:13-16 ; 12:7-8 ; 1R 11:1-4. Rm 13:9-11 ; Ép 5:21-33 ; 1Tm 3:2,12-13 ; Tt 1:6-9.

Exodus

Généalogie des Patriarches Bibliques Avant le Déluge

ADAM ÉVE
Gn 4:1-8
CAIN ABEL
ADAM ÉVE
5:3-18-24-32
SETH
HÉNOK
LAMEK
NOE

Après le Déluge

Gn 9:1-17

JAPHET
Gn 10:1-5

CHAM
10:6-20

SEM
10:21-32 ; 11:10-32

ABRAHAM
Gn 16:1-12

YISHMAEL
Gn 25:12-18

ISAAC
Gn 21:1-5 ; 25:20-28

ÉSAÜ
Gn 36:1-14

JACOB
Gn 29:31-35 ; 30:1-24 ; 35:16-20

Israël
Gn 35:9-15

JUDA
(Lignée de Jésus)
Gn 38:1-30 ; 46:12

DAVID
(2ème roi d'Israël)
1Ch 2:9-15 ; 3:1-9, 10-24
2Sm 1:1-4 ; 2:1-4 ; 5:1-5

1Ch chapitres 1 à 6:1-14 ; Lc 3:23-38

Exodus

Le Paradis

Le **mot paradis**, d'**origine** perse, repris en hébreu (pardès) et en grec (paradeisos), signifie verger (Gn 2:8-15).

Il y a ceux qui étrangement préfèrent l'enfer que le paradis, car disent-ils, vivre éternellement au paradis, les amèneraient à coup sûr à se souhaiter la mort afin d'éviter un éternel ennui.

Il faut croire que le venin est en eux et le mal fait son oeuvre.

Ce dont je parle c'est un monde qui ressemblerait à un éden aux effluves et aux nuances les plus agréables et des plus enchanteresses de la flore, une faune aussi diverse et variée, qui vivrait en parfaite harmonie sans le risque d'être la proie d'une autre espèce.

Un monde où rien ne meurt, ne flétri, ne rouille, ne tombe en poussière.

Un monde où l'ennui, le vice, la méchanceté, la jalousie et le besoin n'auraient aucune prise, au fait de l'émerveillement, de l'épanouissement des délices abondants et perpétuels qui émaneraient de ce jardin.

Un monde parfait de félicité en perpétuel mouvement que seuls les triomphants de la victoire sur la mort se verraient attribuer éternellement. 1Cor 2:7-9.

Ceci n'est qu'une simple ébauche d'un esprit pauvre qui est le mien, une ombre de ce que pourrait-être l'œuvre créatrice et suprême du paradis que Dieu réserve aux victorieux. Is 35:5-10 ; 45:18-25 ; 55:1-13 ; 65:17-25 ; Ap 2:7 ; 21:1-8 ; 22:1-5, 10-15.

Rien de plus stimulant qu'est le Paradis où l'âme respire Dieu

Exodus

YAHWE

Tétragramme Hébreux

1Jn 5:1-4 ; Mc 12:28-33 ; Ex 20:1-17 ; 2Tm 3:14-17.

Jos 24:14-15.

Toi, suis moi !

Ayant appelé à lui la foule avec ses disciples, Jésus leur dit : Mc 8:34.

À plusieurs reprises dans les évangiles, Jésus adresse à quelqu'un ces paroles : "Suis-moi". Aussi bien lors d'une première rencontre, comme pour Matthieu, assis au bureau de perception des impôts (Mt 9:9), qu'au bout d'un long chemin ensemble, comme avec Pierre (Jn 21:15-19).

Aujourd'hui, que signifie "suivre Jésus" ?

Lorsque nous suivons quelqu'un, dans un chemin de forêt par exemple, ce n'est pas nous qui choisissons la direction, mais celui que nous suivons.

Suivre Jésus, c'est l'écouter dans la prière, en lisant sa Parole écrite, la Bible, pour discerner ce que nous devons faire, ce que nous devons choisir. Cela implique aussi, comme le dit Jésus, de ''renoncer à soi'', à sa propre volonté, pour s'engager dans le chemin qu'il nous trace.

Suivre Jésus, c'est être son disciple, accepter de cœur son enseignement. Nos habitudes seront peut-être bousculées, et il nous faut être ouverts à la surprise, être prêts à sortir de notre zone de confort.

Suivre Jésus, c'est accepté de lui obéir. Lorsqu'en lisant la Bible je comprends que je dois faire telle ou telle chose par exemple demander pardon à quelqu'un, en le faisant, je suis Jésus.

Suivre Jésus, c'est aussi accepter ce que je suis, avec mes défauts, mes errances, pour me laisser transformer par lui. Dans les évangiles, le mot "suivre" traduit souvent un mot qui signifie "faire route avec".

Suivre Jésus, c'est lui parler, l'écouter comme lorsque nous faisons une marche avec un ami.

La Bonne Semence

Ps 119:129-152

Abba Yah

Dieu d'Abraham, d'Isaac et de Jacob, Créateur de toutes choses et de toutes vies
que Ton Nom soit Sanctifié, que Ta Parole, Ta Volonté soit sur la terre comme dans les cieux.
Béni soit Notre Pasteur Seigneur Messie Jésus, le Grand Prêtre et Sauveur qui s'est livré
pour nos péchés afin de nous arracher de ce monde impie et mauvais,
selon la Volonté du Père, Père des Miséricordes et le Dieu de toute Consolation à qui appartient
Tout Règne, Toute Gloire, Justice, Puissance et Adoration,
Louange à Toi, à Ton Bien Aimé et Glorieux Fils
pour une Éternité Infinie.
Au Nom du Père, du Fils et du Saint Esprit.
Amen.

Noucha Roger & son Épouse

L'Association Exodus. Pays : France

Bible de Jérusalem
Table des Livres de l'Ancien Testament

Genèse (Gn)	**21**	Proverbes (Pv)	**1040**
Exode (Ex)	**90**	Ecclésiaste (Qo)	**1090**
Lévitique (Lv)	**148**	Cantique des cantiques (Ct)	**1103**
Nombre (Nb)	**191**	Sagesse de Salomon (Sg)	**1116**
Deutéronome (Dt)	**251**	Ecclésiastiques (Si)	**1147**
Josué (Jos)	**308**	Isaie (Is)	**1248**
Juges (Jg)	**345**	Jérémie (Jr)	**1334**
Ruth (Rt)	**384**	Lamentations (Lm)	**1423**
1er Samuel (1S)	**389**	Baruch (Ba)	**1437**
2e Samuel (2S)	**434**	Ezèchiel (Ez)	**1448**
1er Rois (1R)	**473**	Daniel (Dn)	**1518**
2e Rois (2R)	**517**	Osée (Os)	**1548**
1er Chroniques (1Ch)	**562**	Joël (Jl)	**1562**
2e Chroniques (1Ch)	**601**	Amos (Am)	**1568**
Esdras (Esd)	**650**	Abdias (Ab)	**1579**
Néhémie (Ne)	**664**	Jonas (Jon)	**1581**
Tobie (Tb)	**686**	Michée (Mi)	**1584**
Judith (Jd)	**705**	Nahum (Na)	**1593**
Ester (Est)	**727**	Habaquq (Ha)	**1597**
1er Maccabées (1M)	**746**	Sophonie (So)	**1602**
2e Maccabées (2M)	**791**	Aggée (Ag)	**1607**
Job (Jb)	**828**	Zacharie (Za)	**1610**
Psaumes (Ps)	**883**	Malachie (Ml)	**1623**

Nouveau Testament

Matthieu (Mt)	**1639**	1er Timothée (1Tm)	**1969**
Marc (Mc)	**1690**	2e Timothée (2Tm)	**1975**
Luc (Lc)	**1721**	Tite (Tt)	**1979**
Jean (Jn)	**1779**	Philémon (Plm)	**1982**
Actes des Apôtres (Ac)	**1826**	Hébreux (Hé)	**1985**
Romains (Rm)	**1881**	Jacques (Jc)	**2004**
1er Corinthiens (1Cor)	**1902**	1er Pierre (1P)	**2009**
2e Corinthiens (2Cor)	**1922**	2e Pierre (2P)	**2015**
Galates (Ga)	**1936**	1er Jean (1Jn)	**2019**
Ephésiens (Ep)	**1943**	2e Jean (2Jn)	**2027**
Philippiens (Ph)	**1950**	3e Jean (3Jn)	**2028**
Colossiens (Col)	**1955**	Jude (Ju)	**2029**
1er Théssaloniciens (1Th)	**1961**	Apocalypse (Ap)	**2032**
2e Théssaloniciens (2Th)	**1966**		

Exodus

www.ingramcontent.com/pod-product-compliance
Lightning Source LLC
LaVergne TN
LVHW080454160826
845677LV00006B/1360
* 9 7 9 8 3 6 7 0 9 3 2 9 2 *